GEVECHT OM DE CUP

Andere boeken van Gerard van Gemert bij Clavis

In de serie 'De Voetbalgoden'

Gevaarlijk spel
Schijnbeweging
Blessuretijd
Kopsterk

In de serie 'Kief de goaltjesdief'

De nieuwe club

In de serie 'De Hockeytweeling'

De verdwenen stick
Hoog spel

In de serie 'Allsports Academie'

Valse start
Misslag

DE VOETBALGODEN 1

Gerard van Gemert

GEVECHT OM DE CUP

Clavis

Gerard van Gemert
Gevecht om de cup

Derde druk 2009

Omslagontwerp: Maarten Deckers
Illustraties: Mark Janssen
Trefw.: voetbal, diefstal, kampioenschap
NUR 282/283
ISBN 978 90 448 0704 8
D/2007/4124/015

www.clavisbooks.com
http://voetbalgoden.blogspot.com

Dit boek is gedrukt op papier met een certificaat
van de Forest Stewardship Council,
die verantwoord bosbeheer stimuleert.

FSC
Mixed Sources
Productgroep uit goed beheerde bossen
en andere gecontroleerde bronnen
www.fsc.org Cert no. SCS-COC-001256

Voorwoord

Een jongen was ik nog, maar jongen: wát was ik verliefd. Op Kitty! Helaas. Voor Kitty bestond ik niet. Kitty viel op Eddy, haar buurjongen en tevens de held van het jongensboek dat ik van mijn opa cadeau gekregen had voor mijn verjaardag. Dat boek heb ik verslonden, letterlijk stukgelezen. Jáaren geleden voor het laatst. Toch denk ik zelfs nu nog wel eens aan Eddy en natuurlijk aan Kitty.

Hoe zou het met ze zijn?
Geen steek veranderd, waarschijnlijk. Romanfiguren worden zo oud als de laatste bladzij van het boek. Ook gaan ze niet mee met de tijd. Wat nog spannend was voor mij, is voor mijn zoontje lang niet vet of cool genoeg. Er is maar één conclusie, elke tijd verdient zijn eigen jongensboeken.
Gerard van Gemert heeft er een geschreven en verdient alleen daarom al applaus. Maar klap gerust nog even door, want Van Gemert heeft niet zo maar een jongensboek geschreven, hij heeft ook nog eens een goed jongensboek geschreven. Je hebt het nu in handen.
Een goed jongensboek gaat uiteraard óver voetbal, maar ook niet alléén over voetbal.

Dit hoef je Gerard van Gemert niet te vertellen.
Geboren met de bal aan de voet, stond zijn knie zijn talent in de weg, en werd hij alleen in zijn dromen de grote voetballer die hij ooit had willen zijn. Gelukkig heeft hij van die droom een boek gemaakt. En hoe talentvol hijzelf ooit ook geweest mag zijn, zo goed als Stijn Wouters voetbalt in dit boek, heeft de schrijver zelf de bal natuurlijk nooit geraakt.

Voetballen is zijn ziel en zaligheid, komen wij algauw over Stijn te weten. Je komt algauw zo veel meer over de held uit 'Gevecht om de Cup' te weten, dat je wensen zou dat Stijn een voorbeeldfunctie kon vervullen voor je eigen kind en met terugwerkende kracht alsnog óók voor die talrijke profvoetballers van wie nu lang niet altijd het goede voorbeeld uitgaat. In dit prachtige jongensboek komt het, zoals het een goed boek in dit genre betaamt, aan op de laatste tien minuten. Zoals ook pas in de blessuretijd van dit boek de vraag beantwoord wordt of Stijn en Femke zich aan een eerste kus zullen wagen. (Nu niet als eerste de laatste pagina gaan lezen, dit boek verdient beter). Ik voorspel je dat er lezertjes zullen zijn die in Femke (zoals ik nog steeds in Kitty) over jaren nog de moeder aller spelersvrouwen zien. Al zullen zij zich eerst willen spiegelen aan Stijn Wouters, romanfiguur maar tevens rasvoetballer. Wie dat niet leest, is blind.

Frank Snoeks is voetbalcommentator van Studio Sport

‘Schiet eens op, Stijn’. Storm werd ongeduldig. Hij stond al een paar minuten op zijn beste vriend te wachten.

‘Jaja, rustig,’ was het antwoord van Stijn. ‘Mijn sok zit scheef, man. En dat zit niet lekker.’ Stijn had zijn laars uitgetrokken en was bezig om zijn sok goed te doen. Ze waren uit school eerst naar huis gegaan, hadden zich omgekleed en waren toen in de polder slootje gaan springen.

Storm liep langzaam door. Geduldig zijn was niet zijn sterkste eigenschap. Stijn was inmiddels weer bezig met het aantrekken van zijn laars.

‘Als we nu die brede sloot nemen, dan snijden we een stuk af,’ riep Storm.

Stijn was inmiddels klaar en rende een stukje, zodat hij weer naast zijn beste vriend liep.

‘Pf,’ zuchtte hij, ‘die is breed, hoor. En de grond ervoor is niet al te hard.’

Storm grijnsde. ‘Dat is juist cool, man. En we hebben het nog nooit geprobeerd.’

Stijn was niet zo’n held met dit soort dingen. In tegenstelling tot Storm die werkelijk alles durfde. ‘Goed dan,’ gaf hij toe.

Stijn wist dat tegen Storm in gaan geen zin had. Hij dreef

toch altijd zijn zin door. Daar kwam nog bij dat ze om vier uur met hun voetbalvrienden hadden afgesproken. Als ze de lange route langs de smalle sloten zouden nemen, kwamen ze te laat. Hij zuchtte zachtjes om Storm niet te laten merken dat hij het maar niets vond. Samen liepen ze verder door het weiland in de richting van de brede sloot.

'Wat denk jij van vanavond?' vroeg Stijn.

Storm haalde zijn schouders op. 'Ik denk dat ze met 14-0 verliezen,' lachte hij.

Stijn keek geïrriteerd. 'Nee, even serieus,' drong hij aan.

Storm deed net of hij heel diep nadacht. 'Ik denk dat ze met ... 1-0 of 2-0 verliezen.'

Stijn keek bezorgd. 'Denk je?' vroeg hij. Hij wilde dat Storm zijn voorspelling zou toelichten.

Storm knikte. 'Vergeet niet dat ze tegen één van de beste clubs ter wereld spelen,' motiveerde hij zijn voorspelling. 'En wat stelt Kick '69 nou helemaal voor in vergelijking met Petchwood United. Wij hebben eigenlijk alleen Bert Pringel die van wereldniveau is.'

Dat moest Stijn toegeven. Zijn gedachten gingen naar vanavond. Hij zou met zijn vader en oom Gert, zijn vaders beste vriend, naar de eerste halvefinalewedstrijd van de Champions League gaan.

Storm en hij waren allebei grote fan van Kick '69. Omdat ze vorig seizoen kampioen waren geworden, deden ze dit seizoen voor het eerst mee in de Champions League. En hadden ze meteen de halve finale gehaald. Petchwood United was de titelverdediger en hun sterspeler was John Caringham. Hij was de topscorer van het laatste wereldkampioenschap.

'Misschien kunnen ze voor een stunt zorgen,' meende Stijn.

Storm haalde zijn schouders op. 'Dan moet wel alles meezitten. En Bert moet een goede dag hebben.'

Storm bleef het doemdenken volhouden. Bert woonde in hetzelfde dorp als zij en had in de jeugd ook bij FC Rapitas gevoetbald, net als Stijn en Storm. Bert Pringel was hun idool. Stijn had drie posters van hem in zijn kamer hangen. 'Ik wou dat ik ook mee kon,' zei Storm.

'Ik ook,' deelde Stijn de mening van zijn vriend. 'Oom Gert heeft nog geprobeerd aan vier plaatsen te komen, maar dat is niet gelukt.'

Storm knikte. 'Jammer, maar wel gaaf dat jij kunt gaan,' glunderde hij.

Oom Gert werkte bij de hoofdsponsor van Kick '69 en had zo aan drie plaatsbewijzen kunnen komen. Hij had ook geregeld dat zijn bedrijf het elftal van Stijn en Storm sponsorde. Het was best cool om met dezelfde sponsornaam op je shirt te lopen als Kick '69.

Stijn kreeg kriebels in zijn buik wanneer hij aan de wedstrijd van vanavond dacht. Als ze maar niet afgemaakt worden, hoopte hij. Stijn tuurde naar de overkant van de brede sloot. Hij schudde zijn hoofd en keek naar Storm. Die stond te glimlachen.

'Nou, Stijn, dat wordt een flinke sprong,' zei hij lachend. 'Jij eerst of ik eerst?

'Geen van beide,' antwoordde Stijn angstig.

Storm lachte hard. Hij wist heus wel dat zijn vriend slootje springen eigenlijk helemaal niet zo leuk vond. 'Als we nu nog om moeten lopen, komen we zeker te laat bij de jongens.'

Dat wist Stijn ook wel, maar hij was erg bang om in de sloot te belanden. Maar ja, hij had nu geen keus meer.

'Ik ga wel eerst,' nam Storm de beslissing.

Hij liep langs de sloot en zocht een stuk uit waar de grond hard was, zodat hij goed kon afzetten en niet in de grond zou wegzakken. Hij zette een stok in de grond naast de plek waar hij wilde afzetten. Zo kon hij zich bij zijn aanloop daarop richten. Toen liep hij een meter of twintig terug en nam een aanloop. Stijn keek ernaar en bewonderde zijn vriend dat hij zonder aarzeling de sprong waagde.

Storm maakte snelheid en bereikte de plek waar hij moest afzetten. Hij vloog door de lucht, over de sloot heen en landde net aan de overkant. Hij liet zich voorover vallen. Daarna kwam hij overeind en bejubelde zijn geslaagde sprong.

'Niet slecht, hè,' schreeuwde hij naar Stijn.

'Zeker niet,' mompelde Stijn, die steeds onzekerder werd.

'Nu jij, Stijn.'

Stijn zuchtte weer eens diep. De spieren in zijn benen voelden aan als pap. Hij nam een nog langere aanloop dan Storm. Hij kon harder lopen dan Storm en zou dus verder moeten kunnen springen. Maar Storm was niet bang, zoals hij, en dat maakte net het verschil.

'Kom op, Stijn,' moedigde Storm hem aan.

Stijn zette zijn aanloop in en zette af. Zwevend in de lucht merkte hij dat hij niet genoeg snelheid had. Hij gooide zijn benen naar voren om toch op de kant terecht te komen. Dat lukte net, maar doordat hij zijn benen te ver naar voren had geduwd, verloor hij zijn evenwicht. Zijn voeten landden keurig in het gras, maar zijn lichaam viel langzaam achterover.

Storm zag het en probeerde hem nog vast te pakken, maar was te laat. Met een plons belandde Stijn in het water. Storm deed zijn hand voor zijn mond. Eerst van schrik en daarna van het lachen.

Stijn ging helemaal onder water en kwam proestend weer boven. Het kroos zat overal in zijn haren. Storm sloeg zich op zijn knieën van het lachen. Stijn keek erg boos en dat zorgde ervoor dat Storm nog harder moest lachen.

'Zie je nou,' schreeuwde Stijn, terwijl hij met zijn arm in het water sloeg. 'Zie je nou dat deze sloot te breed is.'

Storm was op de grond gevallen van het lachen en tussen twee lachsalvo's door zei hij: 'Voor mij niet, Stijn.'

Stijn had intussen de kant bereikt en Storm was opgestaan om zijn vriend op de kant te helpen.

'Eerst maar even omkleden, zeker?' vroeg Storm. Hij trok er een vies gezicht bij, want Stijn stonk een uur in de wind.

Stijn zei niets, maar keek Storm vernietigend aan.

Ze liepen zwijgend naar huis. Storm schoot af en toe in de lach als hij naar Stijn keek. Stijn keek steeds kwader en weigerde iets te zeggen.

Na verloop van tijd zakte de boosheid bij Stijn weg. 'Wie komen er vanmiddag allemaal?' vroeg hij aan Storm.

'Laurens komt en Kees,' antwoordde Storm. 'En verder heb ik de moeder van Bram ook nog aan de telefoon gehad en die zou doorgeven dat we vanmiddag zouden trainen.'

'Dat is mooi,' zei Stijn met een glimlach, terwijl hij rilde van de kou. Bram was de keeper van hun elftal en het was altijd lekker om er een keeper bij te hebben.

'Laurens zou de andere jongens bellen,' ging Storm verder.

Stijn knikte.

Ondanks zijn natte pak had hij er zin in. Voetballen was zijn ziel en zaligheid en als het aan hem lag, dan zou hij later profvoetballer worden bij Kick '69. Maar ja, dan moest hij wel goed blijven trainen, zodat hij een keer zou opvallen bij de scouts.

Storm en Stijn waren nu vlakbij huis. Ze woonden dicht bij elkaar en deden eigenlijk alles samen. Stijns moeder zei wel eens: 'Volgens mij zijn jullie eigenlijk een tweeling, maar dan van twee verschillende moeders.'

Stijn kon zich ook niet voorstellen dat Storm er niet zou zijn. Al vanaf dat ze konden lopen, speelden ze met elkaar.

Ze hadden altijd bij elkaar in de klas gezeten en bij elkaar in het team gevoetbald.

Het verschil tussen hen op voetbalgebied was dat Stijn een aanvaller was en Storm een verdediger. Stijn stond bekend als een groot talent. Hij was snel, had veel inzicht, een uitstekende techniek en scoorde ook nog eens veel. Storm was een echte verdediger, hard en als het moest meedogenloos. Hij had veel overzicht en een goede pass in beide benen. Zonder te overdrijven kon je wel zeggen dat het succes van hun elftal grotendeels kwam door de kwaliteiten van Storm en Stijn.

Ze waren bij Storms huis aangekomen. Lachend en hoofdschuddend keek Storm nog eens naar Stijn. 'Haal je me zo op? Even opschieten, hè, want anders staan die jongens op ons te wachten.'

Stijn begon het steeds kouder te krijgen en rende weg. 'Jaja, ik pik je zo op.'

Hij hoorde dat Storm de deur achter zich dichtgooide. Al rennend schudde hij zijn hoofd. Wat een gedoe, dacht hij.

Nauwelijks drie minuten later was hij thuis. Hij liep achterom en zag dat zijn moeder de was aan het ophangen was.

'Hoi, mam,' begroette hij haar vrolijk.

'Ha, jongen,' antwoordde zijn moeder zonder naar hem te kijken. 'Ga je aan je huiswerk?'

Stijn bleef stil staan.

Zijn moeder keek naar hem en deed van schrik haar ogen dicht. 'Wat heb je nu weer gedaan?' mopperde ze.

'Waar lijkt het op,' antwoordde Stijn brutaal.

'Let op je woorden, Stijn Wouters,' reageerde zijn moeder scherp.

'Sorry, mam,' verontschuldigde Stijn zich. 'We zijn over een iets te brede sloot gesprongen. Nou ja, gesprongen. Storm is eroverheen gesprongen en ik erin.'

Zijn moeder was alweer verder gegaan met de was.

'Trek alles hier maar uit en ga maar douchen. Je stinkt verschrikkelijk. En doe daarna even schone kleren aan.'

Stijn ging naar binnen en liep al snel omgekleed rond.

'Je stinkt nog steeds,' zei zijn moeder.

'Ik douch straks wel even,' verduidelijkte Stijn. 'Ik ga toch voetballen.'

Zijn moeder knikte instemmend. 'Zorg dat je om halfzes thuis bent,' commandeerde ze. 'Oom Gert komt jullie om halfzeven ophalen en dan kun je voordat jullie weggaan nog even douchen.'

Stijn handelde snel. 'Oké, mam,' zei hij.

Ze was haar vraag over het huiswerk helemaal vergeten. Dat kwam door Stijns natte kleren. Snel fietste hij naar Storm toe, voordat zijn moeder hem terug zou roepen.

Storm stond met zijn fiets al buiten het hek van zijn huis te wachten. Stijn had niet anders verwacht. Hij rekende al op een spervuur aan opmerkingen dat hij te laat was, maar Storm begroette hem vriendelijk.

Zwijgend fietsten ze richting de speeltuin. Storm had zijn

bal achter op de fiets, onder de snelbinders. Ze voetbalden altijd met Storms bal. Het was een echte Derby Star en nog een witte ook! Hij had hem voor zijn verjaardag gekregen.

Storm was er erg zuinig op. Als ze ermee gevoetbald hadden, maakte hij de bal schoon en deed er vet op. Zo kon er geen vocht bij komen, zei hij altijd. Het maakte het nog leuker dat Kick '69 ook altijd met een witte Derby Star voetbalde.

Ze fietsten vlak langs het veldje en zagen dat Laurens en Kees er al waren. Kees was, net als Storm, centrale verdediger. Een lange, slungelachtige, wat norse jongen. Laurens was bijna het tegenovergestelde. Hij was altijd vrolijk, had blonde krulletjes en was een beetje dikkig. Toch kon hij verschrikkelijk hard lopen. Hij was een echte rechtsbuiten en had daar ook de passeerbewegingen voor in huis. Alleen zijn voorzet liet nog weleens te wensen over.

Ze fietsten langs de beplanting die het fietspad van het voetbalveldje scheidde. Toen ze voorbij de beplanting waren gefietst, zagen ze dat Bram er ook al was. Hij zat op de grond achter de bosjes. Hun doelman was zijn veters aan het strikken.

'Waar zijn de anderen?' begroette Storm zijn teamgenoten, nadat ze hun fiets in het fietsenrek hadden gezet.

Laurens haalde zijn schouders op. 'Ik denk dat er niet veel komen. De meesten hadden veel huiswerk. Als dat niet af was, dan mochten ze niet naar Kick '69 kijken.'

Bram stond zijn handschoenen nog aan te doen. Hij keek over de hoofden van zijn maten in de richting van de speeltuin.

'Hé!' riep hij, terwijl hij met zijn tanden zijn rechterhandschoen om zijn vingers trok. 'Kijk daar eens?'

Ze keken met zijn allen om en zagen dat er drie jongens aan kwamen lopen. Stijn en Storm herkenden Jim, Ronnie en Kevin meteen. Zij zaten bij hen in de klas en speelden bij SV EMS, hun belangrijkste tegenstander in de competitie.

SV EMS was de andere voetbalvereniging in Woudorp, het dorp waar ze woonden.

'Shit!' riep Kees. 'Stieren!'

De leden van FC Rapitas noemden de spelers van SV EMS vaak 'de Stieren'. Dat komt omdat ze de afkorting vertaalden naar Elf Makke Stieren. In werkelijkheid betekende het Eendracht Maakt Sterk. Beide teams moesten nog twee wedstrijden spelen. Ze stonden op een gedeelde eerste plaats. Ze hadden allebei alles gewonnen en alleen tegen elkaar gelijk gespeeld. De laatste wedstrijd moesten ze tegen elkaar en daarin zou waarschijnlijk de beslissing vallen. De kampioen mocht meedoen om het landelijke kampioenschap.

'Die komen onze training verknallen. Wedden?' zei Kees.

Stijn haalde diep adem en liep in de richting van zijn klasgenoten. Het waren absoluut niet zijn vrienden en vooral Jim mocht hij niet. Die zocht altijd ruzie en als het enigszins kon, dan liet hij het op een vechtpartij aankomen.

Storm was met zijn vriend meegelopen. Stijn keek even snel om naar Storm en met de blik in zijn ogen maakte hij duidelijk dat Storm zijn mond moest houden. De drie Stieren bleven stilstaan. Ze hadden een vijandige houding aangenomen.

Stijn keek naar Jim zonder iets te zeggen.

'Heb ik iets van je aan, Stijn. Of vind je me gewoon een aantrekkelijke jongen.' Jim opende direct de aanval.

Meestal ging Stijn hem uit de weg, maar soms kon hij niet om Jim heen. Hij probeerde meestal een vechtpartij te voorkomen. Jim was veel sterker, dus het had ook niet zoveel zin om met hem te vechten. Stijn was helemaal geen vechtersbaas. Met woorden kon Stijn het wel van hem winnen. Storm daarentegen liet zich wat makkelijker uit zijn tent lokken en had moeite om tot tien te tellen.

'Klopt, Jim,' antwoordde Stijn, 'ik ben blij dat het je opvalt. Of is dat een manier om verkering aan me te vragen?'

Jims gezicht verstarde. De andere twee Stieren, Kevin en Ronnie, grinnikten om de opmerking van Stijn.

Jim gaf Kevin een klap tegen zijn schouder om hem te laten merken dat hij het helemaal geen leuke opmerking vond. Ronnie begreep de hint ook en was meteen stil.

'Zo, dus je geeft het toe,' probeerde Jim Stijn af te troeven.

'Ik wel,' reageerde Stijn. 'Nu jij nog.'

Ondertussen waren Bram, Kees en Laurens bij het groepje aangesloten.

'Oh, kijk!' Het was Jim weer die met nog een rotopmerking kwam. 'Je maatjes zijn er ook.'

Stijn keek om naar zijn vrienden.

'Leuk hoor,' ging Jim verder. 'Allemaal lekkere jongens en dan na het voetballen lekker samen onder de douche. Goh, wat zullen jullie een lol hebben.

Als je niet kan voetballen, dan moet je toch op een andere manier plezier hebben.'

Stijn had zich weer teruggedraaid en keek Jim aan. Hij besloot dat het geen zin had om verder in discussie te gaan. Jim zocht, zoals gewoonlijk, ruzie. Hij schudde glimlachend zijn hoofd en probeerde op die manier aan te geven dat hij niet in het getreiter van Jim zou trappen. Hij wilde zich net omdraaien en weglopen toen hij vanuit zijn ooghoeken Storm naar voren zag stappen. Stijn reageerde snel en probeerde hem bij zijn arm te pakken, maar Storm was sneller.

'Je moet je bek eens leren te houden, joh, lelijke Stier,' brieste Storm. Zijn armen zwaaiden al omhoog om een gevechtshouding aan te nemen.

'Kalm, Storm'. Stijn probeerde hem te bedaren, maar het lukte niet. Storms driftaanval was al niet meer te stoppen. Hij schreeuwde verder: 'Dat getreiter en die rotopmerkingen moet je eens een keer voor je houden. We zijn je meer dan zat. En toevallig kunnen wij veel beter voetballen dan jullie. En dat zullen we over twee weken laten zien ook.'

Jim stapte op Storm af. Stijn ging voor Storm staan, maar Jim zwiepte hem aan de kant. Stijn wist dat Jim weer gewonnen had. Het zou weer op vechten uitdraaien. Jim was nu bij Storm. Hij zag geen angst in Storms ogen. Dat was meestal zo wanneer hij driftig was. Jim en Storm stonden nu met de voorhoofden tegen elkaar aan.

Stijn dacht niet dat er nog iets te redden was.

Het zal wel weer gaan zoals altijd. Jim en Storm beginnen met vechten, dan gaan Jims vrienden zich ermee bemoeien en kan Stijn zich ook niet meer inhouden en ontstaat er een massale vechtpartij. Maar dit keer ging het anders.

Kevin, een van Jims vrienden, had van het gebekvecht gebruik gemaakt. Hij was uit het groepje gewandeld, het veld opgelopen en had de bal van Storm gepakt.

Net op het moment dat Stijn dacht dat de eerste klap zou vallen, hoorden ze Kevin roepen: 'Hé, Jim, kijk nou eens wat ik heb.'

Ze draaiden zich allemaal om en Storm reageerde snel. Hij had ineens geen aandacht meer voor Jim.

'Laat die bal los,' blafte hij naar Kevin. 'Blijf met je gore poten van mijn bal af.'

Hij gaf Jim een duw, zodat hij zeker wist dat hij hem niet meer kon vastpakken, en rende in de richting van Kevin. Maar Kevin had een voorsprong en rende naar de zijkant van het veld.

Daar, tussen de bosjes, was een doorgang waar je alleen te voet doorheen kon. De kinderen die lopend kwamen, liepen via het veldje door de bosjes naar de speeltuin. Hierdoor was er een kunstmatig paadje ontstaan. Kevin gebruikte dit paadje om weg te komen.

Storm twijfelde even of hij niet eerst zijn fiets zou pakken. Maar dan moest hij eerst de andere kant op. Dan was de kans groot dat Kevin ergens heen rende waar hij hem niet meer kon zien. Dat zorgde ervoor dat Kevins voorsprong werd vergroot.

Stijn was al naar de fietsen gerend en had zijn fiets gepakt. Hij sprong erop en wilde net wegfietsen toen hij werd tegengehouden door meneer De Wild.

Meneer De Wild waakte over de speeltuin. Hij zat meestal in het kleine gebouwtje en hield de boel in de gaten. Nu stond hij buiten. Hij had de ruzie tussen de jongens van op een afstand bekeken. Als het op vechten was uitgedraaid had hij zeker ingegrepen.

In de speeltuin mocht niet gefietst worden en daarom hield hij Stijn tegen. 'Afstappen, Stijn.'

Stijn vloekte binnensmonds. Hij had hier nu echt geen tijd voor, maar hij gehoorzaamde wel. Hij begreep dat tegenstribbelen meer tijd zou kosten dan nu even afstappen en die vijftig meter naar de uitgang wandelen.

Toen hij de uitgang bereikt had, sprong hij weer op zijn fiets. Hij keek of hij Storm ergens zag, maar die was nergens te bekennen. Wel zag hij Kees en Laurens lopen.

'Waar zijn ze naartoe?' schreeuwde hij. Kees wees met zijn arm in de richting waarin Kevin en Storm waren gerend. Stijn stond op de pedalen om vaart te maken en hoopte dat hij hen

snel in het zicht kreeg. Hij fietste door een paar straatjes en na verloop van tijd zag hij Storm in een van die straatjes staan. Hij had Kevin in een hoek gedreven. Kevin had de bal nog altijd vast en Storm stond er in dreigende houding voor.

Ik kom weer net op tijd, dacht Stijn. Hij hoorde Storm nog net zeggen: 'Je geeft nu mijn bal terug, anders ...'

Kevin leek niet onder de indruk. 'Anders wat?' blufte hij.

'Anders ram ik je in elkaar,' zei Storm en hij balde zijn vuisten.

'Kalm, Storm,' probeerde Stijn zijn vriend tot bedaren te brengen. Storm keek om en leek iets rustiger te worden door de aanwezigheid van zijn vriend.

Ondertussen had Kevin een mes uit zijn zak gehaald en de scherpe punt op de bal gezet. 'Als je me wat doet,' grijnsde hij, 'dan overleeft jouw bal het niet. Maar dan mag je hem wel weer terug hebben, hoor.' Hij lachte hard en wist dat Storm dat risico niet zou nemen.

'Laat hem maar gaan, joh,' zei Stijn. Hij was bang dat Kevin de bal aan stukken zou snijden, want hij was er zeker toe in staat.

Storm deed een stap opzij en liet zijn klasgenoot gaan. 'Ik krijg je nog wel,' snauwde hij naar Kevin toen hij vlak langs hem liep.

'Prima, joh,' sarde Kevin terug, 'maar dan heb jij twee halve ballen.'

Stijn zag dat Storm zijn vuisten weer balde. Gelukkig kon hij dit keer wel zijn woede inhouden. Kevin rende de hoek om. Storm en Stijn bleven nog even staan.

Stijn gebaarde zuchtend naar Storm dat hij achterop de fiets moest springen. 'Kom op, dan gaan we jouw fiets halen en verzinnen hoe je je bal terugkrijgt.'

Ze reden terug naar de speeltuin. Kees, Bram en Laurens stonden daar nog met hun fiets in de hand.

'Waar zijn die andere Stieren heen gegaan?' vroeg Stijn.

'Gewoon terug richting het centrum. Ze hebben vlak na jou hun fiets gepakt en zijn weggegaan. De fiets van die knul die jouw bal heeft, hebben ze ook meegenomen. Die eikel riep nog dat wij die bal nooit meer terug zouden zien.'

Stijn keek naar Storm. De tranen stonden in zijn ogen. Hij was erg trots op de bal en Stijn kon zich voorstellen dat hij verdrietig was. Al dacht Stijn dat de tranen meer door boosheid kwamen dan door verdriet.

'Wat gaan jullie nu doen?' vroeg Bram aan Storm en Stijn.

Stijn gaf antwoord terwijl hij naar Storm keek. 'We gaan zoeken. Ik weet waar Kevin woont en we gaan niet naar huis zonder bal.'

Storm keek zijn vriend dankbaar aan.

'Zullen wij meegaan?' vroeg Laurens.

Stijn schudde zijn hoofd. 'Nee, jongens. Aardig aangeboden maar ik denk niet dat het zoveel zin heeft. Gaan jullie maar naar huis. Wij wassen dit varkentje wel even.'

Stijn hoopte dat zijn woorden Storm moed gaven. Hijzelf geloofde nog niet zo in een goede afloop.

'Oké, dan gaan wij maar naar huis. Succes, en geef die Kevin maar een pak rammel. Dat heeft hij wel verdiend,' zei Kees.

Storm knikte en probeerde te glimlachen. Zijn woede was een beetje gezakt, maar hij voelde zich nog altijd erg onrustig. En hij wilde zijn bal terug.

'Tot morgen,' zei Stijn.

'Tot morgen,' riepen de jongens en ze fietsten richting huis. Ze zouden elkaar de volgende dag bij de training op de club weer zien.

'Kom op, joh, pak je fiets,' riep Stijn tegen Storm.

Terwijl hij op zijn fiets stapte, zei Storm: 'Als ik die bal niet terugkrijg, dan moet hij mooi een nieuwe betalen.'

Stijn probeerde hem gerust te stellen. 'Joh, je krijgt hem heus wel terug. We bellen gewoon bij zijn huis aan en vragen het aan zijn moeder.'

Storm antwoordde niet. Hij hoopte dat Stijn gelijk had.

Ongeveer tien minuten later fietsten ze de straat in waar Kevin woonde.

'Hier is het,' zei Stijn tegen Storm. 'Nummer 34.'

Ze stapten van de fiets. Stijn zette hem op slot en keek door het raam naar binnen. Hij zag niemand in de kamer. Ze liepen naar de deur en Stijn belde aan. Het duurde even voordat ze wat beweging zagen. Eerst dacht Stijn dat er niemand open zou doen, maar na een paar seconden zag hij dat er iemand naar de deur kwam.

Er werden eerst wat sloten van het slot gedaan. Daarna ging de deur open en keken ze in het vriendelijke gezicht van Kevins moeder.

'Hallo, jongens' begroette Kevins moeder hen met een vragende blik in haar ogen.

'Hallo, mevrouw De Kruijk,' glimlachte Stijn. 'We komen voor Kevin.'

Mevrouw De Kruijk keek blij verrast. Dat was niet zo vreemd, want ze wist dat ze nooit met Kevin speelden.

'Goh, wat leuk,' zei ze met een glimlach. 'Ik zal hem even roepen.' Ze draaide zich om en liep naar binnen.

Stijn en Storm hoorden haar roepen en ze hoorden Kevin antwoord geven. Het kraken van de trap verraadde dat er iemand naar beneden kwam. Kevin verscheen in de deuropening. Hij keek een stuk minder blij dan zijn moeder.

'Waar is mijn bal?' siste Storm.

'Die is nu van mij,' fluisterde Kevin terug. Hij was bang dat zijn moeder hen zou horen.

'Echt niet!' Het was Stijn die snel antwoordde, terwijl hij zijn hand op Storms arm legde. Hij wilde op die manier voorkomen dat Storm zijn zelfbeheersing zou verliezen.

Stijn bleef rustig praten: 'Je geeft ons nu die bal terug en dan hebben we het er niet meer over. Als je dat niet doet, zit je zwaar in de nesten, vriend.'

Stijn verbaasde zichzelf met deze laatste zin. Die had hij zeker een keer op tv gehoord. Hoe dan ook, het maakte wel indruk op Kevin. Stijn zag de aarzeling in zijn ogen.

'Kevin, doe die deur eens dicht. Of naar binnen of naar buiten.' Kevins moeder kwam weer aanlopen. 'Het tocht door het hele huis heen.'

Ze stond nu achter Kevin. Stijn keek niet naar haar, maar bleef Kevin strak aankijken.

Kevins moeder zag de onvriendelijke gezichten en vroeg: 'Is er iets?'

Stijn toverde een glimlach op zijn gezicht. 'Nee hoor, we komen even wat halen. Kevin had Storms bal geleend.'

'Oh, wat aardig van Storm. Toe Kevin, ga die bal even halen, want we gaan zo eten. Het is al kwart over zes.'

Kevin keek erg zuur, maar kwam wel in beweging. Storm keek erg triomfantelijk. Gelukkig als hij was dat hij zijn bal weer terug zou krijgen.

Toen Kevin en zijn moeder waren weggelopen, sloeg hij Stijn op zijn schouder. 'Goed gedaan, Stijn. Dat heb je mooi gezegd.'

Storm keek Stijn aan. 'Wat is er? Je ziet helemaal wit. Voel je je wel lekker?'

Stijns ogen stonden helemaal open en de paniek straalde ervan af.

'Shit man, het is al kwart over zes. Ik moest om half zes thuis zijn. Om half zeven komt oom Gert. Dat haal ik nooit meer. Straks zijn ze al weg en mis ik de wedstrijd van vanavond.'

De tranen sprongen nu in zijn ogen. Door dat gedoe met de bal was hij de tijd helemaal vergeten.

Kevin was teruggekomen en had de bal in zijn handen. Hij gooide de bal van een meter afstand naar Storm. Die ving hem op.

Kevin keek hen kwaad aan en wilde nog iets zeggen, maar kreeg de kans niet. Storm en Stijn renden het pad af, deden het slot van hun fiets en sprongen erop.

Kevin keek hen verbaasd na.

Alsof de duivel hen op de hielen zat, fietsten de twee vrienden naar huis. Stijn fietste voorop. Zijn neus raakte bijna zijn stuur aan, zo diep was hij over zijn stuur gebogen. Hij duwde zijn voeten zowat door de pedalen heen, zo hard wilde hij fietsen.

Storm kon hem niet meer bijhouden en hield zijn benen stil. Hijgend riep hij Stijn nog na: 'Ga maar, Stijn. Ik zie je morgen wel.'

Stijn hoorde niets meer. Hij fietste zo hard hij kon richting huis. Bij de drukke kruising, in het centrum van het dorp, stopte hij kort om te kijken of er geen auto aan kwam. Toen hij zag dat dit niet het geval was, ging hij weer op de pedalen staan om vaart te maken. Kort daarna fietste hij het poortje achter hun huis in. Toen hij de tuin in liep, kwam zijn moeder hem al tegemoet.

'Verdorie, Stijn, waar blijf je nou. Het is bijna halfzeven, papa en oom Gert zitten op je te wachten.'

Stijn nam niet de tijd om het verhaal te vertellen. 'Sorry, mam,' was het enige dat hij door gebrek aan adem nog uit kon brengen.

'Snel douchen en omkleden. Ik smeer even een boterham, dan kun je die in de auto opeten.'

Nauwelijks tien minuten later zat Stijn op de achterbank van de auto zijn boterham naar binnen te werken. Hij zat nog na te zweten van zijn fietstocht. Nu pas besefte hij dat hij Storm helemaal niet meer gedag had gezegd. Uit zijn binnenzak haalde hij zijn mobiel en stuurde hem een sms'je. Van Woudorp tot het stadion was het ongeveer een uur rijden. Ze waren ruimschoots op tijd, want de wedstrijd zou pas om kwart voor negen beginnen. Vlakbij het stadion kwamen ze even in de file, maar kort daarna hadden ze de auto geparkeerd en liepen ze verder naar het stadion.

Ze liepen tussen de supporters van Kick '69. De meesten droegen de rood-zwarte shirts van hun club.

Het duurde nog een uur voor de wedstrijd zou beginnen. Zijn vader en oom Gert hadden het steeds over hoe de wedstrijd zou gaan. Stijn merkte aan zijn vader dat die ook nerveus was. Ze waren nu vlakbij het stadion aangekomen. Stijns vader was al vaker naar een wedstrijd van Kick '69 geweest en wist goed de weg. Gek genoeg liepen ze niet naar de tribunes, maar naar de zijkant van het stadion.

'We gaan eerst even wat drinken,' zei oom Gert tegen Stijn.

'Best,' zei Stijn. Hij zag dat oom Gert knipoogde naar zijn vader.

Ze liepen naar een deur. Daar stond een man in een zwart pak. Hij had een kaal hoofd en een oordopje in alsof hij zijn mp3-speler aan had staan. Oom Gert pakte zijn portemonnee en haalde er een pasje uit. De man met het kale hoofd keek naar het pasje, knikte en deed de deur open.

Ze liepen naar binnen en de man deed de deur weer achter hen dicht. Binnen was een trap die ze opliepen. Boven aan de trap was een gang. Ze liepen naar links.

Aan zijn rechterhand zag Stijn allemaal kamertjes. Ze zagen eruit als kantoortjes, zoals bij zijn vaders werk. In die kantoortjes stonden allerlei mensen met elkaar te praten. Stijn kon zien dat aan de andere kant van de kantoortjes de binnenkant van het stadion was.

Oom Gert stopte bij de zevende kamer, klopte aan en deed de deur open. In het kantoortje stonden drie mannen. Een van hen had een net pak aan. Oom Gert gaf hen een hand en ook Stijns vader gaf de mannen een hand.

De man in het pak keerde zich naar Stijn en stak zijn hand uit. 'Welkom, Stijn,' zei hij. 'Ik ben Frits.'

Stijn gaf de man een hand en zei op een verlegen toon: 'Hallo.'

'Wil je wat drinken?'

'Doe maar cola.'

De man liep naar een kleine bar, die achter in het kantoortje stond en schonk een glas cola in. Hij liep met het glas terug naar Stijn en gaf het aan hem.

'Loop maar even mee, dan zal ik je laten zien waar we zo meteen zitten. Ben je wel eens eerder in een skybox geweest?'

Aha, dacht Stijn, dat was dit dus. Het kantoortje was een skybox. Daar had hij wel eens over gelezen in Voetbal Magazine, het voetbalblad waar ze op geabonneerd waren. Hij keek naar zijn vader, die hem glimlachend toeknikte dat het goed was.

Meneer Frits liep voor hem uit naar de glazen muur, waar een glazen schuifwand in zat die openstond. Ze liepen door de schuifwand en stonden nu in het stadion.

Stijn keek naar het veld en ze stonden ter hoogte van de middenlijn. Wat een uitzicht, dacht Stijn. Hij keek ademloos toe.

Er waren al wel wat mensen in het stadion en er hingen al spandoeken. Verder was er nog niet zoveel te zien, maar Stijn had het gevoel dat hij hier wel uren zou kunnen staan. Alleen maar om te kijken.

Meneer Frits keek op zijn horloge en zei: 'Over een minuut of twintig beginnen ze met de warming-up. Je mag hier blijven staan of in die rode stoeltjes gaan zitten.'

De rode stoeltjes bevonden zich recht voor de schuifdeur. Op de achterkant van de stoeltjes stond de naam van het bedrijf waar oom Gert werkte. Stijn kende die naam, want dat bedrijf sponsorde hun elftal ook. Stijn begreep dat het bedrijf de eigenaar van de skybox was. Hij ging op een van de stoeltjes zitten.

Ongeveer twintig minuten later kwamen de spelers van Kick '69 het veld op. De mensen die al aanwezig waren, gingen staan en klapten naar de spelers. De keeper van Kick '69 liep naar het doel en klapte met zijn handen boven zijn hoofd naar de supporters.

Stijn was ook gaan staan en zag Bert Pringel er ook tussen lopen. De spelers hadden hun wedstrijdshirt nog niet aan, maar witte T-shirts. Op de rode broek van Bert zag hij het nummer negen. Stijn speelde ook altijd met nummer negen.

Niet lang daarna kwamen de spelers van Petchwood United het veld op. In de hoek van het stadion ging een luid gejuich op. Het was het vak waar de supporters van Petchwood United zaten. Dat vak was al helemaal vol. Stijn keek of hij John Caringham zag, maar hij kon hem niet ontdekken. Hij telde de spelers en kwam niet verder dan tien. Stijn was net uitgeteld, toen er nog een speler uit de tunnel het veld op liep.

Hij zag meteen dat het John Caringham was. Die was makkelijk te herkennen aan zijn lange zwarte haar en het rugnummer tien. Stijn kreeg een opgewonden gevoel in zijn buik. Dat hij deze wereldberoemde voetballer nu in het echt zag. Hij wilde dat Storm naast hem zat en dat hij dit met hem kon delen. De supporters van Petchwood United juichten nog een keer om hun held te begroeten.

Na ongeveer een half uur gingen beide teams weer naar binnen. Kort daarna kwamen oom Gert en Stijns vader samen met meneer Frits en de andere twee mannen uit de skybox en gingen bij Stijn zitten. Oom Gert zat links van Stijn en Stijns vader zat rechts van hem.

Oom Gert legde een hand op Stijns knie. 'Ben je er klaar voor, Stijn.'

'Nou en of,' glimlachte Stijn terug.

Het stadion zat helemaal vol. Twintigduizend toeschouwers maakten een hels kabaal toen de spelers van Petchwood United en Kick '69 in een rij, naast elkaar, het veld opkwamen. Tussen hen in liepen de scheidsrechter en twee grensrechters.

Iedereen ging staan en juichte de spelers toe. De shirts met rood-zwarte strepen en rode broeken van Kick '69 staken fel af tegen de gele shirts en blauwe broeken van Petchwood United. Stijn kreeg kippenvel van het geluid en de spanning.

Na de toss en het uitwisselen van de vaantjes stonden de spelers klaar om aan de wedstrijd te beginnen. Kick '69 zou aftrappen. Bert Pringel stond op de middenstip met zijn voet op de bal te wachten op het fluitsignaal van de scheidsrechter.

Het publiek was weer gaan zitten. Stijn kreeg een koude rilling en zijn rechterbeen trilde van de spanning.

Het fluitsignaal klonk en Bert Pringel speelde de bal naar Thor Polundsen, de Noorse rechtsbuiten van Kick '69 en de wedstrijd was begonnen. Het begin van de wedstrijd speelde zich af op het middenveld. Veel kansen waren er niet en na een kwartier was de stand nog altijd 0-0.

Tien minuten later had de centrale verdediger van Petchwood de bal aan zijn linkervoet en keek of hij ergens een vrijstaande medespeler kon vinden. Stijn keek naar rechts en zag dat John Caringham zijn hand omhoog had gestoken. Hij wilde de bal blijkbaar graag ontvangen, terwijl hij helemaal niet vrij stond. Plots dook hij ineen en deed alsof hij in de richting van de man met de bal sprintte. De verdediger van Kick '69 was alert en rende met de Engelsman mee.

Na vijf passen draaide John Caringham vliegensvlug om zijn as en sprintte de andere kant op, richting het doel van Kick '69. Doordat de verdediger met hem was mee gerend lag er ruimte achter hen en daar rende John Caringham nu in.

Precies op hetzelfde moment passte de centrale verdediger de bal met een grote boog in deze ruimte. De bal en de nummer tien van Petchwood United ontmoetten elkaar op de rand van het strafschopgebied. De verdediger was weer meegerend en keek om zich heen waar de bal was. John Caringham had de bal allang gezien en liet deze behendig op zijn rechtervoet neerkomen. De bal rolde voor hem uit, richting het doel van Kick '69. De verdediger probeerde bij de bal te komen, maar John zette zijn lichaam ertussen zodat de verdediger er niet bij kon komen.

Stijn zag het met lede ogen aan. Hij voelde dat dit niet goed ging. Een speler van het niveau van John Caringham zou deze kans niet laten liggen.

De keeper van Kick '69 deed drie passen naar voren om zo zijn doel te verkleinen.

Nadat hij de verdediger had afgeschud keek de talentvolle

spits even kort naar de keeper. De Engelse supporters produceerden een oorverdovend lawaai. Terwijl de aanhangers van Kick '69 het gevoel hadden alsof hun keel werd dichtgeknepen. Het wachten was op het schot van de Engelse aanvaller. John Caringham haalde uit en de bal verdween, onbereikbaar voor de doelman, in de linkerbovenhoek: 0-1. Uit het vak van de Engelse supporters klonk een daverend: 'Yeah'. Ze sprongen en juichten van blijdschap. Hun superspits had het weer gedaan.

Stijn voelde de teleurstelling door zijn lijf stromen. Zijn vader keek hem aan en sloeg zijn arm om de schouders van zijn zoon.

Na de 0-1 kabbelde de wedstrijd voort. Kick '69 was van slag en durfde nog geen risico te nemen tegen de sterke Engelsen. Die vonden het allemaal wel best. Een 0-1 voorsprong in een uitwedstrijd was een uitstekend resultaat, dus waarom zouden ze zich druk maken?

Maar toen de rust naderde, werd Kick '69 toch iets brutaler en kwam het wat meer op de helft van Petchwood United. In de laatste minuut van de eerste helft kwam de Noorse rechtsbuiten, Polundsen, door op rechts. Hij liep door tot de achterlijn en zette voor.

De bal kwam vlakbij het doel en leek een prooi voor de Engelse keeper. Die twijfelde echter doordat er een verdediger in de weg stond. Deze probeerde de bal weg te koppen, maar raakte de bal maar half.

Hierdoor kwam Bert Pringel zomaar in balbezit in het strafschopgebied. De spits had niet veel tijd nodig om de bal te controleren. De Engelse verdedigers zagen het gevaar en kenden de reputatie van de veelscorende spits. Ze doken op hem af, als leeuwen op een gewonde zebra.

De slimme aanvaller van Kick '69 deed net of hij met links op doel zou schieten. Twee Engelse verdedigers gleden met een sliding voor hem om de bal te blokken. In plaats van op doel te schieten, kapte de technisch begaafde spits de bal met zijn linkerbeen voor zijn rechtervoet. De twee verdedigers gleden voor hem langs en Bert stond nu oog in oog met de doelman van Petchwood United. Deze maakte zich groot en dook voor de bal, om zo het te verwachten schot uit het doel te houden. Bert wilde de bal met een boogje over de vallende doelman heen stiften, maar zover kwam het niet. Terwijl zijn been richting bal ging, schopte een derde verdediger zijn linkerbeen onder hem vandaan.

Het publiek dat al was gaan staan, schreeuwde om een strafschop. Stijn zocht met zijn ogen de scheidsrechter om te kijken wat zijn beslissing was. De twee seconden tussen dat moment en het moment dat de scheidsrechter floot, leken wel uren te duren.

De man in het zwart wees echter overtuigend naar de stip. Strafschop.

Oom Gert vloog Stijn om zijn nek. 'Penalty, penalty,' schreeuwde hij.

Stijn was minder vrolijk. Hij bleef naar het strafschopgebied kijken en zag Bert Pringel kermend van de pijn op de grond liggen. Stijn wist dat Bert geen aansteller was. Die strafschop was mooi meegenomen, maar een geblesseerde Bert Pringel was een drama.

Stijn zag dat Bert voorzichtig overeind kwam en voorbij de achterlijn, naast het doel ging liggen. De verzorger van Kick '69 was het veld ingekomen en knielde bij Bert neer.

Ondertussen had de aanvoerder van Kick '69, Peter van de Ende, de bal gepakt en liep naar de stip. Alle spelers hadden het strafschopgebied verlaten en in het stadion was het doodstil. Peter legde de bal op de stip en liep achteruit. De doelman van Petchwood United stond op de lijn met zijn armen wijd open. Het fluitje van de scheidsrechter sneed door de stilte heen. Peter wachtte nog een fractie van een seconde en nam toen zijn aanloop. Hij raakte de bal vol en deze vloog snoeihard midden door het doel, vlak onder de lat. De doelman had een hoek gekozen en was naar links gevallen.

Nog voordat de bal het net raakte, barstte een oorverdovend lawaai los in het stadion. Stijns vader tilde hem op en oom Gert bleef zolang op Stijns schouder slaan dat hij bijna zeker wist dat er een blauwe plek moest zitten.

'Gelijk,' riep oom Gert vlakbij Stijns oor, 'we staan gelijk.' Stijn sprong en schreeuwde met zijn vader en oom om de gelijkmaker te vieren.

Nadat Stijn was uitgejuicht, keek hij weer naar het veld en hij zag Bert Pringel lopen. Die liep nog altijd niet soepel.

Stijns vader zei tegen oom Gert: ‘Ik zie die Pringel na de rust niet terugkomen.’ Oom Gert haalde zijn schouders op en keek bezorgd. Stijns vader keek ook niet blij en vervolgde: ‘Zelfs een Bert Pringel moet je op halve kracht niet tegen die Engelsen laten spelen. Dan kan hij beter vervangen worden.’

Stijn schrok van de woorden van zijn vader en zag tegelijkertijd dat Lokna Prokbiu, de supersnelle aanvaller uit Kameroen, zich aan het warmlopen was. Het zal toch niet waar zijn dat Bert geblesseerd uit zou vallen?

Kort daarna floot de goed fluitende scheidsrechter voor de rust. Stijns vader, oom Gert en de andere mannen gingen naar binnen.

‘Moet ik ook naar binnen?’ vroeg Stijn.

‘Nee hoor,’ zei meneer Frits, ‘blijf jij maar lekker zitten en geniet van het stadion.’

Stijn had gezien hoe Lokna de hele rust had warmgelopen. Hij vreesde dat Bert na de rust niet meer terug zou komen en hoopte van harte dat zijn blessure meeviel.

Na een klein kwartiertje kwamen de spelers weer het veld op. Stijn zag dat Bert ook weer de tunnel uit kwam lopen. Hij stond op en liep de skybox in.

'Pap, Bert is er gewoon weer bij.'

'Mooi jongen, we komen er aan hoor.'

Stijn liep terug en oom Gert, zijn vader en de drie mannen kwamen er ook aan.

Petchwood United trapte af voor de tweede helft. In tegenstelling tot de eerste helft begon deze direct flitsend. Petchwood United wilde de gelijkmaker van vlak voor rust meteen ongedaan maken. De ene na de andere aanval spatte op de verdediging van Kick '69 uiteen.

Ondanks de druk bleef Kick '69 stand houden. Stijn bedacht dat hij al blij zou zijn met een gelijkspel. John Caringham sleurde de verdediging van Kick '69 regelmatig uit elkaar. Maar wanneer hij de verdediging voorbij was, stuitte hij op de uitstekende doelman van de 'Kickers'. Zo werden de spelers van Kick '69 liefkozend door de fans genoemd.

Bert Pringel kwam niet veel meer aan aanvallen toe. Door het aanvallende spel van de Engelsen was het helpen van zijn verdediging het enige waarmee hij zijn teammakkers van dienst kon zijn.

Met nog ongeveer tien minuten te gaan, viel de bal toevallig tussen de aanvallers van Petchwood United en de doelman van Kick '69 in. John Caringham was er als de kippen bij om van de situatie gebruik te maken en sprintte naar de bal. Vanaf de andere kant zette de doelman van Kick '69 eenzelfde actie in. Ook hij rende zo snel als hij kon naar de bal. In zijn achterhoofd wist de doelman dat hij de bal niet met de handen mocht pakken, omdat die ver buiten zijn strafschopgebied stuiterde.

Een golf van spanning ging door het stadion. De meeste supporters hielden hun adem in en anderen moedigden de keeper van Kick '69 aan. De spits van de Engelsen was net iets eerder bij de bal dan de doelman. De bal stuiterde echter zo hoog dat hij deze net niet onder controle kon krijgen en hem via zijn hoofd en door de lucht richting de doelman kopte. De doelman zag het aankomen en hield in om zo de bal met de borst onder controle te kunnen krijgen.

Stijns handen verplaatsten zich, zonder dat hij het wist, naar zijn gezicht. Tussen zijn vingers door zag hij hoe de doelman de bal van de borst richting zijn voeten liet vallen.

Hierna volgde een wilde trap richting de aanvallers van Kick '69. Bert Pringel reageerde het snelst en rende al richting het doel van Petchwood United zonder precies te weten waar de bal zou stuiteren. Hij keek naar de doelman van Petchwood United, die wel zicht had op de bal, om te bepalen waar deze terecht zou komen.

Bert zag aan de hand van de bewegingen van de doelman dat de bal bij de rand van het strafschopgebied zou neerkomen en dat de doelman aarzelde. Zou hij hem in zijn handen kunnen nemen of moest hij hem wegkoppen of schieten?

Van deze twijfeling bij de Engelse doelman maakte Bert dankbaar gebruik. De bal stuiterde ongeveer tien meter voor de rand van het strafschopgebied en ging door de lucht richting de keeper.

Bert sprong omhoog zonder de bedoeling te hebben de bal te raken. De doelman raakte daardoor in de war, zodat hij de gok niet durfde te nemen om hem in zijn handen te pakken. Als hij de bal buiten het strafschopgebied met zijn handen zou raken, dan zou het hem zeker een vrije trap tegen kosten. En dat zou nog niet alles zijn. Hij zou ook een rode kaart krijgen.

Door de sprong lette de doelman teveel op Bert en miste de bal volledig. De bal stuiterde verder richting doel, maar had niet genoeg snelheid om de doellijn te halen. Bert was echter sneller dan de doelman, die zich eerst nog moest omdraaien. De blonde aanvaller pikte de bal tien meter voor de doellijn op en had alleen nog het lege doel voor zich.

Stijn hoorde het volume van het geschreeuw van de mensen in het stadion toenemen. Hij wist dat het niet meer fout kon gaan, maar moest wachten tot Bert de bal het lege doel in had geschoven.

De Engelse verdedigers deden er alles aan om Bert in te halen en het bijna onvermijdelijke tegendoelpunt te voorkomen. Bert schoof beheerst de bal in het doel en rende juichend naar de supporters.

'Hij zit, hij zit.' Oom Gert deed opnieuw een poging om Stijns trommelvliezen te laten knappen. Een oorverdovend lawaai bulderde voor de tweede keer die avond door het stadion. Oom Gert en Stijns vader waren nog blijer dan bij de gelijkmaker.

'Zie je wel dat het goed is dat die Bert is blijven staan,' schreeuwde Stijns vader naar oom Gert.

Stijn lachte luid en wist toch zeker dat zijn vader vlak voor de rust iets heel anders had gezegd. Maar dat maakte allemaal niets meer uit. Kick '69 stond met 2-1 voor.

De laatste tien minuten van de wedstrijd waren de spannendste minuten uit Stijns leven. Kick '69 kwam nauwelijks meer uit de verdediging. Met zijn allen lagen ze voor de goal van hun doelman om de voorsprong vast te houden. De bal belandde nog een keer op de lat en uit twee hoekschoppen werd net naast gekopt. Maar na drie minuten extra tijd floot de scheidsrechter voor het einde, en had Kick '69 met Bert Pringel in een hoofdrol, voor een absolute sensatie gezorgd door de titelverdediger van de Champions League te verslaan.

Stijns vader, oom Gert en Stijn zeiden de drie mannen gedag en liepen al zingend en lachend terug naar de auto. Stijn was zo verschrikkelijk blij dat Kick '69 had gewonnen!

'Het wordt nog lastig, Gert,' zei Stijns vader. 'Als we over drie weken in Engeland met 1-0 verliezen, liggen we eruit.'

Oom Gert keek lachend naar Stijns vader. 'Doemdenker,' sprak hij hoofdschuddend. 'We hebben net met 2-1 van een van de beste clubs ter wereld gewonnen en jij bekijkt het van de negatieve kant.'

Stijns vader lachte terug. Stijn vond dat oom Gert gelijk had. Kick '69 had de beste prestatie ooit geleverd. Een uitslag neergezet die de hele wereld over zou gaan en zijn vader had het al over uitschakeling.

Op de terugreis in de auto hadden ze de radio aan. De commentaren van de verslaggevers en de interviews met de trainer en de spelers waren een genot om naar te luisteren. Iedereen was vrolijk en ze zagen allemaal goede kansen om de finale te halen. Stijn kon er geen genoeg van krijgen. Tijdens een interview zei Bert Pringel dat hij behoorlijk geraakt was en dat zijn enkel een flinke tik had gehad, maar dat je in een dergelijk wedstrijd extra krachten had. Of hij er tijdens de eerstvolgende competitiewedstrijd bij zou zijn, wist hij nog niet.

Oom Gert zette hen thuis af en Stijn werd door zijn moeder meteen naar bed gestuurd. Met een glimlach op zijn gezicht viel hij in slaap. Hij droomde van de finale, waarin hijzelf natuurlijk het winnende doelpunt scoorde.

De dag na de wedstrijd vertelde Stijn aan zijn klasgenoten over zijn belevenissen. Hij had het uitvoerig over de skybox, meneer Frits en natuurlijk de wedstrijd zelf. Storm en de andere jongens, met uitzondering van de Stieren natuurlijk, hadden aan zijn lippen gehangen en wilden graag weten hoe het in het stadion was geweest. Ze hadden de wedstrijd wel op tv gezien, maar in het stadion was het toch anders, had Stijn hen verteld.

Toen Stijn 's middags uit school kwam, ving zijn moeder hem op.

'Mikes moeder heeft gebeld. Of je even bij hem langs wil gaan om over gisteren te vertellen.'

Stijn knikte: 'Is goed, mam, ik was het al van plan.'

Mike was Stijns buurjongen. Hij was, samen met Storm, zijn beste vriend. Mike had ook altijd bij hen in de klas gezeten en met hen gevoetbald. Twee jaar geleden was hij ziek geworden. Na veel onderzoeken bleek dat hij kanker had. Hij was geopereerd en het leek weg te zijn, maar een paar maanden geleden was het weer teruggekomen. De dokters hadden hem weinig hoop gegeven op genezing. Stijn ging regelmatig bij hem op bezoek om te vertellen over school en het voetballen.

Nadat hij zijn tas in de hoek van de hal had gegooid en een koekje had gepakt, riep Stijn met volle mond: 'Ik ben even bij Mike, mam.' Hij wachtte niet op antwoord en stapte de deur uit.

Mikes moeder deed de deur open. 'Hallo, Stijn,' sprak ze vrolijk. 'Mike zit al op je te wachten.'

Stijn liep door naar de woonkamer. Daar stond Mikes bed. Hij was te zwak om iedere keer via de trap naar boven te lopen.

Mike glunderde toen hij Stijn binnen zag komen. Er waren niet zoveel jongens die hem bezochten. Waarschijnlijk vonden ze het eng om bij een zieke jongen op bezoek te gaan.

Stijn had dat in het begin ook, maar nu niet meer. Hij kwam graag bij Mike. Stijn wist dat Mike het erg op prijs stelde als hij even kwam vertellen over van alles en nog wat en over voetballen in het bijzonder. Soms ging hij samen met Storm. Mike volgde zo het wel en wee van het elftal. Hij had in hetzelfde team gevoetbald tot hij ziek werd.

'Hoi, Stijn,' verwelkomde Mike zijn buurjongen. 'Hoe was het gisteren?'

Stijn vertelde in geuren en kleuren wat er allemaal was gebeurd en hoe hij het had beleefd. Mike had het wel allemaal op televisie gezien, maar het leek wel of hij nog meer genoot van het verhaal van Stijn.

Na een half uurtje ging Stijn weer weg. Hij bleef nooit zo

lang bij Mike. Die werd snel moe en moest dan weer rusten.

In de hal kwam hij de zus van Mike tegen. Zij was twee jaar ouder dan Stijn en hij was stiekem verliefd op haar.

'Hallo, Stijn,' zei ze, terwijl ze naar hem lachte.

Stijns buik vulde zich met vrolijk rondvliegende vlinders.

'Hoi, Femke,' antwoordde hij.

'Was het leuk, gisteren?' vroeg ze terwijl ze verder liep.

'Zeker,' zei Stijn. Hij werd altijd erg verlegen als Femke in de buurt was. Zij was een knappe meid met lang, blond haar. En Stijn kon zich niet voorstellen dat zij hem ook leuk vond.

De volgende avond trainde het elftal van Stijn. Het ging er stevig aan toe. De trainer, meneer Dekker, had hen flink onder handen genomen. Eerst een looptraining en daarna veel loopoefeningen met de bal. Tot slot een lang partijspel in allerlei verschillende vormen.

Na afloop had meneer Dekker hen bij elkaar geroepen. Hij had hen op het hart gedrukt dat ze aanstaande zaterdag tegen De Bataven hun eigen spelletje moesten spelen. Dat ze niet in paniek moesten raken als een eerste doelpunt lang uitbleef en dat ze vooral de bal het werk moesten laten doen.

Stijn was het helemaal met hem eens. Het was ook zijn grootste angst dat ze straks door de spanning punten zouden verspelen tegen De Bataven. Uit hadden ze met 0-4 gewonnen, maar Stijn wist dat dat geen garantie was voor een nieuwe overwinning.

Na de training waren ze nog even naar de kantine gegaan. Daar hoorden ze dat er de avond ervoor was ingebroken in het clubgebouw, in het centrum van het dorp, en dat de Goldcup was gestolen. Deze cup had Stijns vader nog gewonnen.

Ieder jaar wordt er een bekercompetitie gehouden tussen alle clubs uit de regio. De winnaar mag een jaar de Goldcup bij zich houden. De club die de cup drie keer achter elkaar weet te winnen, mag de cup houden. FC Rapitas en SV EMS zijn de enige twee clubs die dat voor elkaar hebben gekregen.

Toen Stijn thuiskwam, vertelde hij het nieuws aan zijn vader. Die werd erg boos. 'Kunnen die asocialen nou niet gewoon met hun tengels van andermans spullen afblijven,' brieste hij.

Stijn kon hem geen ongelijk geven. Hij wist dat zijn vader er trots op was dat hij destijds die cup had gewonnen. Zijn vader was een echte clubman. Vroeger had hij altijd gevoetbald bij FC Rapitas. Daarna had hij in het bestuur gezeten. Nu trainde hij nog altijd een jeugdelftal.

De vrijdag voor de wedstrijd tegen De Bataven begonnen de Stieren in de klas vervelend te doen. Ze maakten voortdurend flauwe opmerkingen, maar Storm en Stijn probeerden hen zoveel mogelijk te negeren. Stijn bewonderde Storm dat ook hij erin slaagde niet op het getreiter van Jim en zijn vrienden in te gaan.

Aan het begin van de middag hadden ze gym en op het

programma stond een partij basketbal. Jim en Stijn zaten in twee verschillende partijen en moesten tegen elkaar. Iedere keer als de bal naar de ring werd gegooid en Stijn sprong om de bal af te vangen, gaf Jim hem een duwtje. Hij deed geen enkele poging om zelf de bal te vangen, maar was er alleen op uit om Stijn dwars te zitten.

Meester Job had er al een keer wat van gezegd, maar Jim trok zich daar weinig van aan. Op een gegeven moment was Jims partij in de aanval. De bal werd naar de ring gegooid en Stijn stond onder de basket. De bal stuiterde op de ring. Stijn sprong omhoog om de bal te vangen. Jim stond naast hem en maakte een beweging alsof hij mee sprong. Maar hij bleef staan. In plaats van te springen, deed hij een stapje opzij. Hierdoor raakte de schouder van Jim Stijns benen en werd hij uit balans gebracht. Hij probeerde zich in de lucht te herstellen om zo toch nog op zijn benen terecht te komen.

Het leek te lukken, maar bij het neerkomen landde Stijn met zijn rechtervoet boven op de voet van Jim. Hij verzwikte zijn enkel en met een schreeuw van pijn en schrik zakte hij in elkaar. Storm, die aan de kant zat omdat zijn team niet speelde, sprong overeind en rende naar zijn vriend toe. Kermend van de pijn greep Stijn naar zijn rechterenkel.

Meester Job was ook naar Stijn toe gerend en bekeek de situatie. Terwijl hij voorzichtig aan Stijns voet voelde, riep hij: 'Storm, haal eens een natte handdoek en breng die dan hierheen.' Tegen Stijn zei hij: 'Ga maar even tegen de muur aanzitten, Stijn. Dan kunnen de anderen weer verder spelen.'

Na de gymles hinkte Stijn naar de kleedkamer.

Storm kwam naast hem zitten en vroeg bezorgd: 'Gaat het, Stijn?'

Stijn knikte. 'Ik hoop dat het meevalt,' zei hij.

Het laatste halve uurtje in de klas probeerde Stijn zijn enkel steeds te bewegen. Gelukkig viel de pijn mee.

Toen de bel ging en Stijn langs het bureau van meester Job liep, zei de meester: 'Het lijkt me het verstandigste als je zo even naar de dokter gaat. Dan weet je zeker dat er niets aan de hand is.'

Stijn knikte. Dat idee maakte hem echter bang. Het zou kunnen dat de dokter zou zeggen dat hij morgen niet zou mogen spelen. Naar huis lopen deed geen pijn, hoewel hij wel voelde dat zijn enkel een beetje dik werd.

Toch besloot Stijn niets tegen zijn ouders te zeggen. Hij vertelde Storm wat hij van plan was, zodat die hem niet kon verraden.

'Best joh,' grijnsde zijn vriend. 'Als je morgen maar meedoet.'

's Avonds ging Stijn vroeg naar bed. Zijn ouders keken elkaar aan en waren trots dat hun zoon zo met de wedstrijd van morgen bezig was en dat hij extra vroeg naar bed ging.

In werkelijkheid pakte Stijn een handdoek uit de kast en maakte hem nat. Toen hield hij de koude lap twintig minuten op zijn enkel, net als op school. Hierna ging hij staan en maakte een paar keer hinkend een sprongetje en landde op zijn geblesseerde voet. Het deed maar een klein beetje pijn. Hij hoopte dat zijn enkel de volgende dag niet dik zou zijn. Daarna pakte hij zijn voetbaltas in, stapte in bed en probeerde in slaap te vallen. Hij kon niet direct slapen. Hij had ook zoveel om over na te denken.

Stijn deed zijn ogen open en besefte niet direct wat voor dag het was. Hij rekte zich uit en keek op zijn wekker, die op het nachtkastje naast zijn bed stond. Hij zag dat het kwart over acht was.

Hij dacht even na en realiseerde zich dat het zaterdag was. Zoals iedere zaterdag gaf dat hem een blij gevoel, want zaterdag was voetbaldag. Hij sprong uit bed en terwijl hij dat deed herinnerde hij zich zijn enkelblessure.

Hm ... dacht Stijn. Ik heb nog niets gevoeld, dus dat zal wel een goed teken zijn. Hij ging op de rand van zijn bed zitten en keek naar zijn rechtervoet. Daarna keek hij naar zijn linkervoet, maar hij zag geen verschil. De enkel was dus niet dik.

Voorzichtig ging hij staan. Nog steeds geen pijn. Hij tilde zijn linkerbeen op en hinkte met kleine sprongetjes op zijn rechterbeen. Weer niets. Nu maakte hij een flinke sprong. Geen pijn. Stijn jubelde van geluk. Hij kon gewoon spelen vandaag.

Hij kleedde zich aan en werkte de twee boterhammen en een glas melk weg die zijn moeder had klaargezet. Normaal gesproken had hij daar niet zo'n moeite mee, maar op zaterdag zat zijn maag vol met zenuwen voor de wedstrijd en kostte het hem veel moeite het ontbijt naar binnen te krijgen.

Hij had net het laatste hapje genomen, toen er gebeld werd. Dat moest Storm zijn. Ze spraken altijd af dat Stijn Storm zou ophalen, maar Storm was meestal eerder klaar en zo ongeduldig dat hij naar Stijns huis fietste om hem op te halen. Zo ook vandaag.

'Hoi,' begroette zijn beste vriend hem vrolijk, toen hij de woonkamer binnenstapte.

'Hoi,' antwoordde Stijn.

'Hoe is het met je enkel?' vroeg Storm terwijl hij naar Stijns voet wees.

Stijn reageerde door zijn vinger voor zijn mond te doen en deed daarna zijn duim omhoog als teken dat het goed was. Storm snapte dat Stijn niets tegen zijn ouders had gezegd en knikte dat hij het begrepen had. Stijn slikte de laatste hap weg en nam nog een slok van zijn melk.

'Zullen we gaan?' vroeg hij. En zonder op antwoord te wachten, pakte hij zijn jas en tas, zei zijn ouders gedag en liep naar de achterdeur.

'Succes en tot zo,' hoorde hij zijn ouders nog roepen.

Ze kwamen altijd kijken als ze thuis speelden, dus vandaag ook. Storm nam ook afscheid van Stijns ouders en kreeg hetzelfde antwoord. Hij liep de voordeur uit, pakte zijn fiets en wachtte daar tot Stijn om was gereden.

Samen fietsten ze naar het voetbalveld. Storm had zijn tas achter op zijn fiets gebonden, Stijn had zijn tas op zijn stuur. Hij had naast een handdoek en een schone onderbroek alleen zijn voetbalschoenen en scheenbeschermers in zijn tas. De rest lag op de club. Shirts, broeken, kousen en een trainingspak hadden ze van de sponsor gekregen, het bedrijf waar oom Gert werkte.

Om de beurt namen de spelers alle spullen mee naar huis om te wassen. Storm had ook nog zijn bal in zijn tas. Die nam hij altijd mee. Dat was een soort bijgeloof van de jongens. Ze speelden, sinds het begin van het seizoen, alle thuiswedstrijden met die bal en hadden tot nu toe nog alles gewonnen.

Stijn hoopte dat zijn enkel het zou houden. De warming-up zou erg belangrijk zijn. Zou hij de blessure moeten opbiechten aan de trainer? Dat zou wel zo eerlijk zijn. Als hij niet helemaal fit was en toch zou spelen, dan kon hij zijn team benadelen. Het zou niet fair zijn om een fitte speler langs de kant te laten, terwijl Stijn niet op volle kracht kon spelen.

Hij bedacht dat hij de warming-up zou afwachten en als hij last had het daarna tegen meneer Dekker te zeggen. Dan kon hij altijd nog doen of hij zich verstapt had tijdens het warmlopen.

Ondertussen waren ze bij het voetbalveld aangekomen. Ze waren een van de eerste van het elftal die op het complex aankwamen. Ze hadden hun fietsen weggezet en liepen met hun tas naar de kantine.

Alleen Bram was al aanwezig en zat aan een tafeltje een broodje ham te eten.

'Geen tijd om ontbijt klaar te maken,' begroette hij zijn teamgenoten met volle mond. Het was nog een uur voor de wedstrijd, dus het kon geen kwaad om nu nog te eten. Als het maar niet teveel of te vet was.

Al snel kwamen de andere spelers van FC Rapitas de kantine binnen en gingen naar de kleedkamer.

Stijn vond dit een heerlijk moment. Lekker in de kleedkamer met zijn allen. Omkleden en intussen een beetje geinen met elkaar. Hij zat op zijn vaste plek; meteen rechts naast de deur.

'Heb je de bal bij je?' vroeg Bram aan Storm.

'Tuurlijk,' was het antwoord. 'Die laat ik echt niet thuis.'

Meneer Dekker was ook de kleedkamer binnengekomen en had de opstelling op het bord geschreven. Hij begon zijn bespreking met dezelfde woorden als waar hij de training mee had afgesloten. Geduldig blijven, de bal het werk laten doen en niet in paniek raken. Verder haalde hij nog even de looplijnen aan, zodat ze elkaar bij het vrijlopen niet in de weg zouden lopen. En ze namen de standaardsituaties, zoals corners en vrije trappen, nog even door. Zo werd iedereen even herinnerd aan wat ze moesten doen. Nu was het tijd voor de warming-up.

Ze liepen zich gezamenlijk warm en Stijn lette er extra op dat hij zijn voeten goed neerzette om zo zijn enkel te ontzien. Hij liep eerst vijf minuten warm en probeerde daarna een paar versnellingen. Dat gaf geen problemen. Nu sprintte hij voluit rechtdoor en, eerlijk is eerlijk, bij het afremmen voelde hij een lichte pijn. Dat gaf Stijn een onbehaaglijk gevoel.

Terwijl de anderen al met de bal aan het werk gingen, bleef Stijn loopwerk doen. Hij sprintte nog eens, maar niet voluit en draaide opeens weg naar links. Dat ging goed, maar hij voelde wel een lichte pijn. Hierna deed hij nog een keer hetzelfde, maar nu draaide hij naar rechts. Zo werd zijn enkel optimaal belast. De pijn werd niet erger, maar bleef gelijk.

Hierna voegde hij zich bij de andere jongens en probeerde te kaatsen en vervolgens snel weg te draaien. Dit ging goed en het leek wel of de pijn minder werd. Tot slot schoot hij nog een paar keer op doel. Eerst rustig, daarna harder en tot slot voluit. Dit deed helemaal geen pijn. Stijn besloot niets tegen de trainer te zeggen.

Na een minuut of twintig waren ze weer terug in de kleedkamer. Meneer Dekker stond weer voor het bord.

'Is er iets met jou, Stijn?' vroeg hij onverwachts.

Stijn kleurde rood. 'Eh ...' haspelde hij. Hij keek naar Storm die overtuigend zijn hoofd schudde. 'Nee hoor, waarom vraagt u dat?'

Meneer Dekker glimlachte opgelucht. 'Ik dacht dat je je verstapte, want je bleef zo lang lopen. Meestal ben je de eerste die een bal pakt.'

Stijn glimlachte terug en deed alsof hij geen idee had waar meneer Dekker het over had.

Meneer Dekker was blij dat hij zich had vergist. Hij kon Stijn niet missen.

Het wachten was op de scheidsrechter, die hen zou komen halen. Gelukkig duurde het niet lang voordat de man in het zwart zich meldde. Storm gaf zijn bal aan hem en zei erbij dat dit de wedstrijdbal was. De scheidsrechter bekeek de bal en controleerde of de spanning goed was. Hij knikte naar Storm en bedankte hem. Hierna liepen ze samen met De Bataven en de scheidsrechter het veld op.

Een vreemd soort spanning viel over Stijn heen. Anders dan anders. Hij vroeg zich af of het kwam doordat het de op een na laatste wedstrijd van de competitie was en elke wedstrijd steeds belangrijker werd.

Storm had getost en alle spelers hadden hun positie ingenomen. Stijn keek nog even om zich heen, of hij zijn vader en moeder zag staan. En die waren er inderdaad al. In de verte zag hij hen staan, op hun vaste plek, achter het doel waar FC Rapitas naartoe speelde. Oom Gert was er ook. En naast oom Gert stond een man met krukken, maar Stijn kende hem niet.

Als ze snel zouden scoren, zou dat De Bataven ontmoedigen. En het zou hen een steuntje in de rug geven. De Bataven trapten af en de wedstrijd was begonnen.

De wedstrijd begon slapjes. De Bataven trokken zich terug en leken tevreden te zijn met een gelijkspel of een kleine nederlaag. Als ze maar niet zoveel doelpunten tegen kregen als de vorige keer.

Stijn had al een paar keer de bal gekregen, maar iedere keer als hij een pass gaf, kwam deze niet bij een medespeler aan. Hij baalde als een stekker dat het helemaal niet lekker ging.

Na een minuut of vijftien had Storm de bal en speelde naar Rob, die op het middenveld speelde. Deze situatie hadden ze al zo vaak getraind. Rob draaide weg van zijn tegenstander en had nu ruimte om de bal op te drijven. Stijn maakte een beweging naar rechts om ruimte voor zichzelf te maken. De verdediger van De Bataven trapte erin en liep met hem mee.

Op het moment dat de verdediger weer tegen hem aan stond, liep Stijn in tegengestelde richting. Schuin van rechts naar links. Nu was het te hopen dat Rob de bal precies op het juiste moment tussen de verdediging van De Bataven door zou spelen.

Dat gebeurde ook. De bal rolde vlak langs de laatste verdediger en Stijn sprintte erachteraan. Hij maakte nog een versnelling, terwijl hij al op volle snelheid leek te liggen. De verdediger die bij hem stond was hem kwijt en ook de laatste man kon niet meer voorkomen dat Stijn alleen op de doelman van De Bataven af kon lopen. Hij liet de bal voor zijn rechtervoet rollen en nam hem met de buitenkant mee. Hij was nu vlakbij het strafschopgebied en zag de doelman voorzichtig uit zijn doel komen.

Storm, die op de middenlijn stond, wist al dat dit niet meer fout kon gaan. Zo'n kans miste Stijn niet. De nummer negen van FC Rapitas wachtte tot de keeper nog iets verder zijn doel uitkwam en haalde uit. Hij voelde dat hij de bal precies raakte zoals hij van plan was. Die gaat strak in de rechterhoek, dacht hij nog.

Buiten bereik van de keeper zeilde de bal richting het doel. Stijn keek hem na en zag tot zijn tevredenheid dat de bal precies deed wat hij had gedacht. Maar vlak voordat de bal het doel bereikte, zwaaide hij echter naar rechts af en sloeg tegen het hek naast het doel. Stijn greep naar zijn hoofd en liet zijn gezicht in zijn handen verdwijnen.

'Geeft niets,' hoorde hij oom Gert roepen. 'Volgende keer beter.'

Hoofdschuddend nam Stijn zijn positie weer in. Achteraf bleek dat de enige kans van de eerste helft te zijn. FC Rapitas was wel beter, maar de passes waren onzuiver en het leek wel of er stroop in het elftal zat.

In de rust was meneer Dekker niet vrolijk. 'We gaan ten onder aan onderschatting,' mopperde hij. 'Jullie moeten niet denken dat we deze tegenstander wel even oprollen, omdat we de vorige keer met 4-0 hebben gewonnen. Zo werkt dat niet. Er komt geen enkele pass aan. De tweede helft wil ik strijd zien en overtuiging.'

De jongens hadden als makke schapen hun limonade gedronken en zeiden niets. Ze waren het erover eens dat het nergens op had geleken. Maar ze hadden nog een hele helft om de broodnodige drie punten te pakken.

Na de rust was het wedstrijdbeeld niet anders. Nog steeds waren ze beter, maar nog altijd lukte het niet om in de buurt van het doel van de tegenstander te komen. Ze kregen wel drie corners, maar twee daarvan draaiden achter het doel van De Bataven. De derde verdween zelfs over de zijlijn aan de ander kant van het veld.

Stijn werd er wanhopig van. Als het 0-0 zou blijven, en de Stieren van FC Sportland zouden winnen, dan stonden ze twee punten achter en moesten ze volgende week winnen.

Vlak voor tijd kwam toch nog alles goed. Laurens kreeg de bal op rechts, met zijn gezicht naar het doel van de tegenstander. Hij zette aan voor een versnelling en liep recht op zijn tegenstander af. Op een meter afstand van de verdediger maakte hij een beweging naar rechts, alsof hij buitenom wilde passeren. De verdediger stapte die kant op om Laurens tegen te houden.

Vliegensvlug nam de kleine rechtsbuiten de bal mee naar

binnen en passeerde de verbaasde verdediger van De Bataven binnendoor. De weg naar het doel werd nu alleen nog geblokkeerd door de laatste man. Deze liep eerst nog achteruit en snelde toen op Laurens af.

Intussen was Stijn uit de dekking gekomen en liep in de richting van Laurens. Deze zag de beweging van Stijn en speelde hem strak aan. Meteen daarna liep hij zonder bal langs de laatste man. Stijn kaatste de bal precies in zijn loop. Laurens had nu een vrij veld voor zich en hij wist dat niemand hem meer zou achterhalen nu hij zo'n snelheid had.

De doelman kwam weer naar voren om zijn doel kleiner te maken. Laurens had geleerd van de misser van Stijn en schoot niet meteen, maar liep door. In een vloeiende beweging sleepte hij de bal langs de vallende doelman, die niets ander kon doen dan de benen van Laurens vastpakken. Strafschop.

Stijn wist wat dat betekende. Hij zou die strafschop nemen. De doelman kreeg een rode kaart omdat hij een doorgebroken speler had neergelegd. Zijn plek in het doel werd ingenomen door een veldspeler.

'Dit is onze kans,' hoorde Stijn Kees roepen.

Die heeft makkelijk praten, dacht hij. Hij hoeft die strafschop niet te nemen.

Alle strafschoppen dit seizoen waren door Stijn genomen en hij had ze ook allemaal benut. Hij pakte de bal, die in de doelmond was blijven liggen, en liep naar de stip. Zijn maag kneep zich samen van de spanning. Dit was ongetwijfeld de belangrijkste strafschop ooit.

Hij legde de bal op de stip en deed vijf passen achteruit. De jongen in het doel stond doodstil. Hij leek wel alsof hij bang was om de bal tegen zich aan geschoten te krijgen. Stijn nam zijn aanloop. Hij zou hem rechts van de doelman schieten, zoals altijd. Geen risico nemen nu en gewoon in de hoek plaatsen.

Hij raakte de bal met de binnenkant van zijn rechtervoet en de bal ging strak naar de hoek. Maar net als in de eerste helft zeilde de bal van het doel af. Hij dwarrelde nu naar rechts en naar links en raakte de buitenkant van de paal.

Het leek of alle energie uit Stijns lichaam werd gezogen. Hij viel op de grond en bleef met zijn gezicht op zijn armen naar de grond gericht liggen.

Storm kwam naar hem toe en tilde hem van het gras.

'Kom op, joh, we hebben nog even,' probeerde hij zijn vriend moed in te praten.

Met moeite kwam Stijn overeind. Hij schaamde zich dat hij juist nu zijn team in de steek had gelaten.

Het eindsignaal van de scheidsrechter klonk als een afkeurend fluitconcert van het publiek. De Bataven juichten, alsof ze zojuist kampioen waren geworden. Stijn had er begrip voor. Ze hadden thuis met 0-4 verloren en nu hadden ze hen op 0-0 gehouden.

Stijn gaf de tegenstander en de scheidsrechter een hand. Uit schaamte keek hij niet eens naar zijn ouders en oom Gert, terwijl hij naar de kleedkamer liep. Daar werd niet veel gezegd. Ook de trainer wist dat hij nu geen commentaar moest leveren. Dat had geen zin. De jongens waren erg teleurgesteld en wisten zelf wel dat dit niet goed was geweest.

De jongens hadden zich gedoucht en zaten met zijn allen in de kantine. Stijn zag zijn ouders nergens. Hij had nog twee euro in zijn zak, kocht een flesje cola en ging zwijgend bij zijn teammakkers zitten. Ze hadden hem allemaal een troostend klopje op zijn schouder gegeven of gezegd dat het allemaal niet zo erg was.

Even later kwam meneer Dekker de kantine in. Zijn gezicht stond op onweer. 'SV EMS heeft met 3-0 gewonnen van FC Sportland,' sprak hij somber. 'Dat betekent, heren, dat we volgende week de Stieren moeten verslaan om kampioen te worden.'

Stijn streek met zijn handen door zijn haar. Meneer Dekker kwam achter hem staan en legde zijn handen op Stijns schouders. Hij was nog niet klaar met zijn preek.

'We hebben het als team zover geschopt dat we nog steeds kampioen kunnen worden. Jullie hebben er in de voorgaande wedstrijden voor gezorgd dat Stijn vaak in een kansrijke positie kwam en hij heeft dat steeds goed afgemaakt. Vandaag hebben we als team niet gewonnen, het kan ook wel eens tegen zitten. Maar ik durf te wedden dat we volgende week van de Stieren winnen. Dus goed trainen en dan grijpen we volgende week onze kans.'

Het deed Stijn goed dat meneer Dekker het voor hem opnam, maar het nare gevoel kon hij niet weghalen. Vanuit zijn ooghoeken zag Stijn zijn ouders, oom Gert en de man op krukken binnenkomen. Hij deed net of hij hen niet zag en keek naar Storm, die tegenover hem zat. Hij voelde dat zijn vader achter hem was gaan staan.

Storm keek niet naar Stijn, maar naar Stijns vader. Hij zat met open mond en grote ogen, alsof hij water zag branden. Ook de andere jongens staarden naar Stijns vader.

Hemel, dacht Stijn, alleen omdat hij een paar jaar in het eerste elftal heeft gespeeld, hoeven ze nog niet zo overdreven te doen. En Storm zag hem bij Stijn thuis toch ook regelmatig?

'Stijn,' hoorde hij oom Gert zeggen, 'mag ik je even voorstellen?'

Stijn draaide zich met tegenzin om en keek de vriend van zijn vader aan. 'Tuurlijk,' zei hij brutaal, 'aan mijn eigen vader?'

Oom Gert moest lachen.

'Stijn, denk aan je manier van praten,' bestrafte zijn vader hem.

Oom Gert nam het weer over en terwijl hij opzij stapte, zei hij: 'Nee, Stijn, aan Bert Pringel.'

Stijn voelde het bloed naar zijn hoofd stromen en keek met open mond naar de spits van Kick '69.

'Hoe eh … wat eh … maar eh …' Stijn kwam niet meer uit zijn woorden.

Bert Pringel had met één hand zijn krukken vast en stak de andere uit naar Stijn.

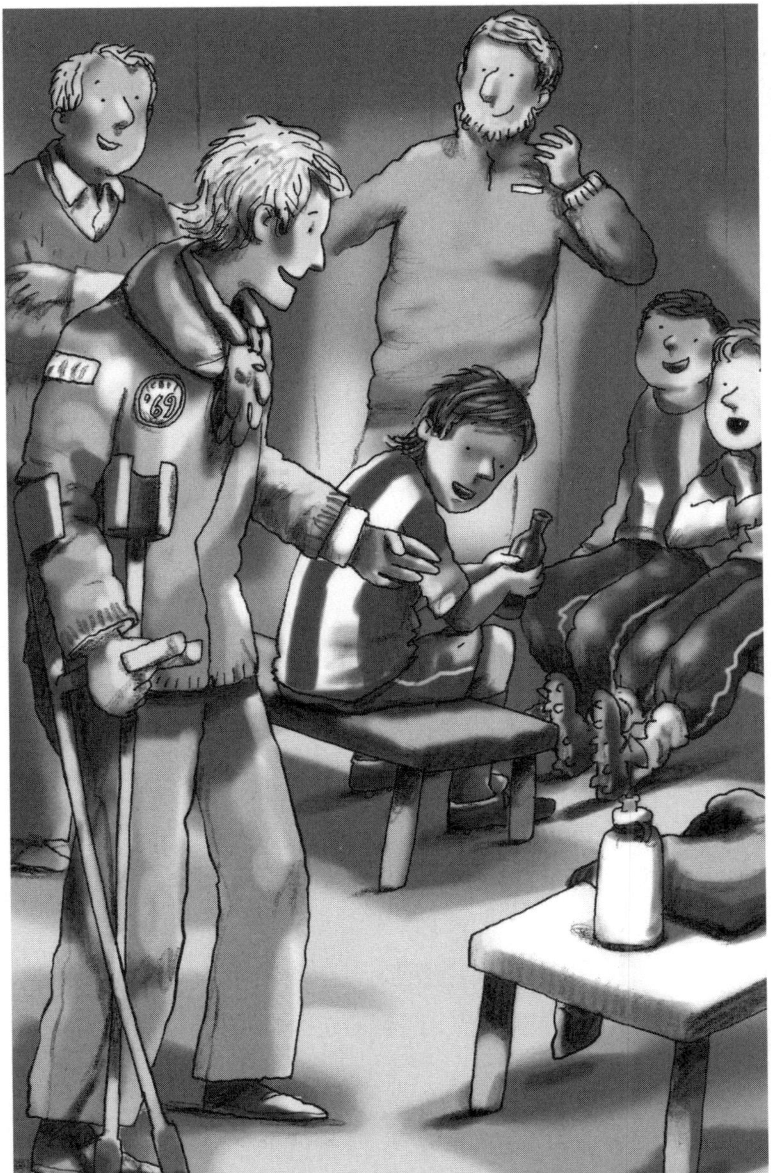

'Hallo, Stijn,' begon hij. 'Jammer van die strafschop. Zo heb ik er ook al een paar gemist.'

'Goh,' stamelde Stijn, 'gaaf.'

Zijn teamgenoten schoten in de lach en ook Bert Pringel moest er hartelijk om lachen. De beroemde spits ging bij de jongens aan tafel zitten.

Toen ze eenmaal een beetje gewend waren aan zijn aanwezigheid overspoelden ze hem met vragen. Hoe het met zijn enkel ging? Of hij binnenkort weer mee zou doen? Of hij hard moest trainen? Hoe blij hij was met zijn goal tegen Petchwood? Of hij dacht dat ze kans hadden om over twee weken in Engeland te winnen?

Bram vroeg of hij zijn balgevoel niet kwijt zou raken nu hij een tijdje niet kon trainen. Bert moest lachen.

'Nee hoor,' antwoordde hij glimlachend, 'ik kan zittend ook trainen.'

Om het te bewijzen pakte hij de bal die naast de stoel van Storm lag en liet hem vijf keer al zittende op zijn hoofd stuiteren. De jongens keken vol bewondering toe. Bert pakte de bal weer in zijn handen en kneep er met zijn vingers in.

'Hé, hij loopt leeg,' zei hij. 'Is deze van de club?'

'Nee,' zei Storm, 'hij is van mij. Voor mijn verjaardag gekregen.'

'Hé,' onderbrak Bram hem, 'het is vandaag ons eerste puntverlies met die bal.'

'Nu je het zegt,' zei Kees.

Bert nam het woord weer over van de jongens.

'Volgens mij is hij lek!'

Storm was opgestaan en stond nu naast Bert Pringel. Bert bekeek de bal uitvoerig. Hij hield hem bij zijn oor, waardoor het leek of hij naar de binnenkant van de bal luisterde.

'Vreemd,' mompelde hij.

'Wat is er, Bert?' Het was oom Gert die het vroeg.

'Er is iets mis met deze bal,' verklaarde de beroemde nummer negen.

'Echt niet,' verdedigde Storm zijn bal. 'De jongens en ik hebben er al heel vaak mee gespeeld.'

'Ja,' stond Stijn zijn vriend bij. 'We hebben er alle thuiswedstrijden van dit seizoen mee gewonnen.'

Bert bekeek de bal nog eens goed. 'Ik weet niet precies wat er mis mee is, maar hij is niet goed. Ik train dagelijks met dit soort ballen en weet wel hoe zo'n bal moet aanvoelen.'

De jongens keken met zijn allen naar Bert die zijn verhaal vervolgde.

'En als hij dan ook nog eens langzaam leegloopt, dan gaat de bal zwabberen bij het passen en schieten. Dat is waarschijnlijk ook de reden dat jij die kans en die strafschop miste.'

De uitdrukking op Berts gezicht maakte duidelijk dat hij er heel zeker van was. En om dat nog eens te bewijzen, ging Bert verder: 'Ik stond bij die kans precies in de baan van het schot. Een schitterend schot trouwens.' Stijn keek verlegen naar beneden. 'De bal was precies in de hoek gegaan, maar doordat de snelheid afnam, dwarrelde hij weg. Hetzelfde gebeurde bij de strafschop en bij nog meer acties in het veld, zoals bij de hoekschoppen.'

Storm keek erg bedroefd. Bert had de bal weer naar hem toegegooid, zodat hij het zelf kon zien. Hij was juist erg blij met zijn bal en nu bleek dat hij lek en niet goed was. Het huilen stond hem nader dan het lachen.

'Kun je niet terug naar de winkel?' vroeg Bram.

Storm schudde zijn hoofd. 'Ik heb hem al bijna een jaar. Dat zullen ze in de winkel nooit goed vinden.'

'Wacht eens.' Stijn keek alsof hij een geweldig idee had. 'Jims vader werkt toch in die sportzaak. Misschien kan hij ons helpen?'

'Yeah, right,' lachte Storm. 'Die gaat ons echt niet helpen. Dat is een Stier.'

Oom Gert was het daar niet mee eens. 'Nee Storm, dat geloof ik niet. Ze verkopen ook gewoon shirts van FC Rapitas, dus hij zal je heus wel helpen. Het is zijn werk.'

'Geef die bal eens hier,' zei Stijn op een zeer dwingende toon. 'Kom op nou,' sprak hij ongeduldig toen hij hem niet snel genoeg kreeg.

Storm gooide de bal naar Stijn. Als een detective bekeek hij de bal. Zijn ogen vielen bijna uit zijn hoofd.

'Hé, Storm, jij hebt er toch ergens met een stift 'SB' opgeschreven.'

SB stond voor Storm Brouwer.

Storm knikte, maar begreep niet waarom dit nu ineens

zo belangrijk was. Daar werd zijn bal niet beter van.

'Nou,' zei Stijn. 'Het staat er niet meer op, maar er staat wel *afgekeurd* op.' En hij gooide de bal terug.

'Dat zal Kevin wel gedaan hebben om ons te pesten,' antwoordde Storm, terwijl hij de bal ving.

Storm snapte alleen niet hoe het kon dat er geen SB meer op stond. Hij had het met een watervaste stift geschreven. Hij bekeek zijn bal uitvoerig, maar kon zijn initialen niet vinden.

'Woensdag, voordat we gingen voetballen, heb ik de bal nog ingevet en toen stond het er nog heel duidelijk op.'

Stijn was gaan staan en gooide zijn armen in de lucht. 'Het staat er nog steeds op.'

Nu werd Storm link. 'O, ja?' zei hij terwijl hij ook ging staan. 'Waar staat het dan?'

'Op jouw bal, sukkel,' schreeuwde Stijn van boosheid.

Storm begon terug te schreeuwen: 'Kijk dan, het staat er niet op.'

'Dat klopt,' riep Stijn, 'maar dat komt omdat dit jouw bal niet is.'

Storm liet zich weer achterover vallen in zijn stoel en keek zijn vriend aan, alsof hij zojuist veranderd was in een konijn vermomd als Sinterklaas. Hij was te verbouwereerd om wat te zeggen.

Stijn verklaarde zijn boosheid. 'Weet je nog afgelopen dinsdag …' Natuurlijk wist Storm dat nog en hij knikte dat hij het zich herinnerde. 'Kevin heeft gewoon de ballen omgeruild.'

Storm sloeg met zijn platte hand tegen zijn voorhoofd. 'Maar waar is mijn bal dan?' stamelde hij.

'Jouw bal zal wel bij een van die Stieren liggen. Maandag op school zullen we hen eens aan de tand voelen. Schurken zijn het.'

Meneer Dekker vroeg: 'Maar hebben jullie tijdens de wedstrijd dan niets vreemds aan de bal gemerkt?'

De jongens keken elkaar aan en haalden hun schouders op.

Stijn nam het woord: 'Nee eigenlijk niet. Ik merkte wel dat het niet zo lekker ging, maar ik had niet in de gaten dat het aan de bal lag.'

Stijns vader legde een hand op zijn schouder: 'Nou, jongen, het lag ook niet alleen aan de bal. Jullie speelden ook niet goed. Maar misschien is het handig voor iedereen als jullie even uitleggen wat er deze week allemaal is gebeurd.'

Stijn knikte, keek de kring even rond en vertelde het hele verhaal. Van Kevin en Jim en de bal die zij meenamen.

Toen hij uitgesproken was, zei Bram: 'Maandag na schooltijd help ik jullie met het zoeken naar Storms bal.' Hij keek erg grimmig.

Stijns vader zei nog even dat hij het wel prettig zou vinden als ze geen gekke dingen zouden doen.

Stijn had Storm die maandag thuis opgehaald en samen liepen ze naar school. Het gesprek ging eerst over de 3-1 overwinning van Kick '69 in de competitiewedstrijd tegen K.P.D. Iedereen was het erover eens dat het een mooie overwinning was, zeker nu Bert Pringel niet had meegedaan vanwege zijn enkelblessure. Algauw veranderde het onderwerp van het gesprek en ging het over de bal.

'Pakken we ze meteen aan,' opende Storm het gesprek.

Stijn schudde zijn hoofd. 'Ik heb zitten denken,' antwoordde hij. 'Als we er nu meteen over beginnen, dan weten ze dat wij het weten en zullen ze nooit toegeven dat zij jouw bal hebben. Dan zie je hem zeker nooit meer terug.'

Storm moest even nadenken over het voorstel van zijn vriend.

'Want,' ging Stijn verder, 'we zullen slim moeten zijn en ervoor moeten zorgen dat zij zich een keer verspreken.'

Storm kneep zijn lippen op elkaar. Stijn is echt een slimmerik, dacht hij. Hijzelf zou Jim meteen hebben aangesproken. Maar Stijn had gelijk, dat zou niets helpen. De Stieren zouden altijd blijven ontkennen dat zij de ballen hadden omgeruild.

'We moeten zien te achterhalen waar jouw bal ligt,' dacht Stijn hardop.

'Het kan ook nog dat het per ongeluk gegaan is,' doorbrak Storm Stijns gedachte. 'Dat alle twee de ballen bij Kevin lagen en hij per ongeluk hun bal heeft gepakt in plaats van die van mij.'

'Nee, ik weet bijna zeker van niet,' antwoordde Stijn.

Ze kwamen op het schoolplein aan. Jim, Kevin en Ronnie stonden er al en liepen zachtjes in hun richting.

Toen ze dichtbij genoeg waren, riep Jim: 'Hé, Stijn, niet kunnen winnen van De Bataven? Daar hebben wij met 5-1 en 3-0 van gewonnen. Maar ja, wij zijn natuurlijk ook de besten.'

Stijn beet zijn kiezen op elkaar om zo zijn boosheid te onderdrukken.

Kevin treiterde verder: 'Enne ... wat hebben we gehoord. Heeft de grote spits van FC Rapitas een strafschop gemist?'

Storm kon zich niet langer beheersen: 'Wacht maar, jongen, zaterdag zijn jullie aan de beurt. Dan zul je eens zien wie de beste is.'

De Stieren lachten hem uit en dat maakte Storm nog kwader.

'Als je niet eens van De Bataven kan winnen, dan ben je gewoon een mietje,' riep Jim lachend.

Nu was bij Storm de maat vol en voordat Stijn hem kon tegenhouden, rende hij naar Jim en sprong bovenop hem. Jim kon niet blijven staan en samen vielen ze op de grond. Ze rollebolden over het schoolplein.

Alle leerlingen die op het schoolplein waren, renden naar

de vechtpartij. Jim was sterker dan Storm, maar Storms drift zorgde ervoor dat hij nu even sterk was. Ze vochten als honden en deelden om de beurt klappen uit. Stijn bleef kijken en hield de andere twee Stieren in de gaten. Als zij zich ermee zouden bemoeien, zou hij ingrijpen. Maar dat gebeurde niet, dus liet hij Storm en Jim begaan.

'Ophouden, onmiddellijk ophouden,' hoorde Stijn opeens roepen.

Het was meester Job. Hij rende naar de vechtersbazen toe en trok hen uit elkaar.

'Meekomen jullie,' sprak hij streng. 'Zijn jullie nou helemaal mal geworden?'

Jim keek heel zielig en met een droevig stemmetje zei hij: 'Ik heb niets gedaan, meester. Storm sprong ineens op me en begon te vechten.'

Terwijl de meester, die met zijn rechterhand Jim en met zijn linkerhand Storm stevig vasthield, terugliep naar school vroeg hij: 'Is dat zo, Storm?'

'Hij treiterde,' was het enige dat Storm door zijn tranen van kwaadheid kon uitbrengen.

'Slaan is nooit de oplossing,' bestrafte de meester Storm. 'En jij moet eens stoppen met dat pesten en leren om je mond te houden,' ging hij verder tegen Jim.

Ze gingen naar binnen.

Kort daarna klonk de bel en gingen de andere kinderen ook de klas in. Storm was lelijk geraakt. Hij had een vuurrode plek op zijn wang en zijn lip bloedde nog. Jim had ook rake klappen gekregen. Zijn linkeroog was opgezwollen en zou wel eens blauw kunnen worden. Beide vechtjassen moesten de hele ochtend in de hal zitten en daar strafwerk maken.

Stijn bedacht dat, nu Jim niet in de klas was, hij misschien een praatje met Ronnie kon maken. Ronnie was de minst kwade van de drie Stieren. Wellicht dat hij zijn mond voorbij zou praten als Stijn het slim aanpakte. Hij zuchtte eens.

Na de eerste pauze in de ochtend gingen ze rekenen. Als ze een opdracht af hadden, mochten ze die zelf nakijken. Het boekje waar de antwoorden in stonden, lag in de kast die naast het bureau van Ronnie stond.

Dat was Stijns kans. Hij liep er met zijn rekenschrift naartoe, knielde naast de kast en deed net of hij het controleboekje zocht. Ronnie was aan het werk.

Stijn fluisterde: '3-0 gewonnen, Ron?' Hij probeerde zo vriendelijk mogelijk te klinken, zonder te overdrijven.

Ronnie was zichtbaar verrast dat Stijn hem aansprak.

'Eh ... ja.' Hij aarzelde even voor hij verder ging en keek eerst naar de plek waar anders Jim zat. Toen hij besefte dat die in de hal zat, ontspande hij. 'Het was geen goede wedstrijd, hoor. Maar we waren wel de hele wedstrijd veel sterker.'

Stijn was opgelucht. Ronnie wilde in ieder geval met hem praten, dat was al iets. 'Wij waren ook veel sterker, maar de bal wilde er gewoon niet in,' vertelde Stijn over hun wedstrijd.

Ronnie knikte. Hij had het al gehoord. 'Strafschop gemist, hè,' grijnsde hij.

Stijn glimlachte terug. Schouderophalend zei hij: 'Buitenkant paal. Kan gebeuren. Wel beter voor jullie, want nu hebben jullie zaterdag aan een gelijkspel voldoende.'

Ronnie grinnikte. 'Ja, dat maakt het voor ons een stuk makkelijker.'

Ronnie kletste gezellig met Stijn. Hij moest opschieten, want anders zou het de meester opvallen dat hij daar wel erg lang zat. Hij moest nu proberen te weten te komen wat Ronnie over 'de bal' wist.

'Voetballen jullie ook wel eens ergens op een veldje, zoals wij?' vroeg hij achteloos.

Ronnie keek Stijn aan en antwoordde: 'Soms.'

Stijn dacht even na. Aan dat antwoord had hij niet zoveel. 'Enne ... jullie probeerden onze bal te stelen. Was dat omdat jullie er zelf geen hebben?' Stijn bleef glimlachen.

'Nee, joh, dat was om te pesten. Ideetje van Jim.'

Stijn bekeek Ronnie met een schuin hoofd. 'Hm,' was het enige dat hij zei en daarmee gaf hij aan dat Ronnie verder kon vertellen.

'Jim heeft sinds kort net zo'n bal als Storm. Van zijn vader gehad, geloof ik. Het is niet zo'n hele goede, want hij zwabbert.'

Stijns hersenen draaiden op volle toeren. 'Wel zonde van zo'n dure bal, toch?' zei hij.

Ronnie schudde zijn hoofd. 'Welnee joh, daar heeft Jims vader niets voor hoeven te betalen. Hij neemt wel eens vaker dingen mee uit de sportzaak. Dat zijn spullen die niet meer verkocht kunnen worden. Laatst had hij ook twee tennisrackets die waren afgekeurd. Nou, daar viel nog best mee te tennissen, hoor.'

Stijn juichte vanbinnen, maar wist zich te beheersen. Hij was nog niet klaar, want hij wilde nog weten of de ballen bewust waren omgeruild en waar de bal was.

'Storm bewaart zijn bal altijd binnen, dan blijft hij langer mooi, dat zou Jim ook moeten doen. Het zijn tenslotte erg dure ballen, die Derby Stars.'

Stijn beet op zijn lip. Hij had zich versproken. Ronnie had helemaal niet verteld dat Jim een Derby Star had.

Ronnie had de vergissing van Stijn gelukkig niet opgemerkt en gaf vrolijk antwoord: 'Hij ligt niet bij Jim, maar bij Kevin. En daar ligt hij in de schuur. Dat is toch wel goed?'

Ik had detective moeten worden, jubelde Stijn van binnen. Blij opgetogen zei hij: 'Prima, Ron, daar ligt die bal prima.'

'Hoe gaat het met je enkel?' vroeg Ronnie.

'Goed, geen last meer van,' zei Stijn. 'Maar ik ga weer terug, want anders wordt de meester boos.'

Hij wilde weglopen toen Ronnie hem terugriep. 'Moest je het controleboekje niet hebben?' vroeg hij met een lach in zijn stem.

'O, ja,' antwoordde Stijn. Zijn gezicht kleurde een beetje rood.

Ronnie merkte het niet en sprak: 'Tja, dat krijg je ervan als je gezellig zit te kletsen, dan vergeet je waarom je hier naartoe kwam.'

Stijn werd nog roder en stotterde: 'Ja … ja … daar kwam het inderdaad door …'

Hij durfde hem niet meer aan te kijken, pakte het boekje en liep snel terug naar zijn plaats. Eén ding wist hij zeker, als de Stieren de bal met opzet hadden verwisseld, dan wist Ronnie er niets van.

Storm en Jim mochten na de middagpauze wel gewoon meedoen met de les, maar moesten na schooltijd nog even nablijven. De meester wilde even met hen samen praten.

Nadat de bel was gegaan, liep Stijn naar buiten. Het was lekker weer en het zonnetje scheen. Stijn ging op het muurtje zitten dat het schoolplein scheidde van het plantsoen, om daar op Storm te wachten. Hij legde zijn hoofd in zijn nek en deed zijn ogen dicht. De warme stralen prikten in zijn gezicht.

Korte tijd later vloog de deur van de school open en stormde Jim naar buiten. Zonder naar hem te kijken liep hij met een gezicht als een donderwolk langs hem heen. Vlak daarna kwam Storm naar buiten. Een stuk vrolijker dan Jim.

'Hé,' begon hij, 'wat gaaf dat je op me zit te wachten.'

Stijn glimlachte: 'Ach joh, ik had toch niets te doen. Nog strafwerk gekregen?'

Storm begon te lachen. 'Ik niet,' schaterde hij. 'Maar Jimmyboy wel. Hij gaf een grote bek tegen de meester.'

Stijn lachte mee: 'Tja, dat moet je ook niet doen. Wat een sukkel.' Hij pakte zijn vriend met beide handen bij zijn schouders. 'Ik weet waar je bal is,' glunderde hij.

'Echt?' reageerde Storm blij verrast.

Stijn vertelde over zijn gesprek met Ronnie.

Storm werd ongeduldig. 'Zullen we nu naar Kevin gaan?' stelde hij voor.

Stijn schudde zijn hoofd. 'Nee, ik moet eerst even naar huis. Ik ga even bij Mike langs om te vertellen over afgelopen zaterdag. Ik heb gisteren geen tijd gehad.'

Storm begreep het en dus liepen ze eerst naar huis. Bij Storms huis gingen ze uit elkaar en spraken af dat Stijn hem over een half uur zou ophalen.

Toen Stijn thuiskwam, stond Bram voor de deur te wachten.

'Hé, Stijn,' begroette hij zijn teamgenoot. 'Ben jij niet een beetje aan de late kant?'

Stijn vertelde dat Storm moest nablijven en dat hij even op hem had gewacht. Bram begreep het. Hij moest zelf ook regelmatig nablijven.

'Gaan we die bal nog zoeken?' vroeg Bram.

Stijn was helemaal vergeten dat Bram afgelopen zaterdag had aangeboden om te helpen. Hij dacht even na of het handig was dat Bram mee zou gaan, of dat hij hem zou vertellen dat het niet door ging. Hij besloot voor het eerste te kiezen. Als ze De Stieren tegen zouden komen, die altijd met zijn drieën waren, dan zou het handig kunnen zijn als zij zelf ook met drie man waren.

'Yes,' antwoordde Stijn. 'Zo meteen, maar ik moet eerst even iets doen, dus als jij nou vast naar Storm gaat, dan haal ik jullie daar zo op.'

Bram stapte weer op zijn fiets. 'Tot zo dan,' riep hij opgewekt, blij als hij was dat hij mee mocht. Bram had niet veel vrienden, maar bij Stijn en Storm voelde hij zich altijd prettig.

Stijn keek hem nog even na. Vervolgens draaide hij zich om en liep naar de deur, deed de sleutel in het slot en opende hem. Zijn moeder zat in de huiskamer.

'Hoi, mam,' groette hij haar.

'Hé, knul,' beantwoordde zij zijn groet. 'Wat ben je laat?'

Stijn vertelde het verhaal over Jim en Storm.

Zijn moeder schudde haar hoofd heen en weer. 'Die Storm is me ook een driftkikker,' zei ze. 'Maar ja, Jim vroeg ook wel om een paar klappen, niet?'

Stijn liep naar de kast en pakte een koekje. 'Eigenlijk wel,' zei hij. Hij had niet zoveel zin om het er te lang over te hebben.

'Ik ga even naar Mike,' zei hij, terwijl hij zijn tas pakte en naar de kamerdeur toeliep. 'Ik ben gisteren niet geweest en heb nog niet verteld over de wedstrijd van afgelopen zaterdag.'

'Is goed hoor,' antwoordde zijn moeder. Ze was blij dat Stijn zo trouw naar Mike ging.

De moeder van Mike deed de deur open. Stijn kon zien dat ze gehuild had. Haar gezicht klaarde een beetje op toen ze zag dat Stijn voor de deur stond.

'O,' begon ze, 'hoi, Stijn, kom binnen.'

In de hal hield ze hem tegen. Stijn voelde dat er iets niet in orde was. Anders mocht hij altijd meteen doorlopen. Ze zuchtte diep en keek Stijn aan en probeerde naar hem te glimlachen, maar het lukte niet.

'Je mag zo wel even naar Mike toe,' zei ze.

Stijn hoorde dat er een snik in haar stem zat.

'Maar je mag niet zo lang blijven.'

Stijn knikte alleen.

Mikes moeder ging verder.

'Het gaat niet zo goed met Mike. Hij heeft gisteren een aanval gehad en dat heeft ervoor gezorgd dat zijn gezondheid erg hard achteruit is gegaan.'

Ze stopte even met vertellen.

Stijns keel zat helemaal dicht en hij was niet in staat om iets te zeggen. Hij voelde de tranen achter zijn ogen prikken, maar hij kon ze tegenhouden. Ze stonden een paar minuten zwijgend in de hal.

Stijn herstelde zich en vroeg: 'Zal ik anders weer weggaan?'

Mikes moeder schudde beslist haar hoofd. 'Nee,' zei ze. Stijn zag dat ze begon te huilen. Door het snikken heen, zei ze: 'Maar je moet wel weten dat het voorlopig wel eens de laatste keer kan zijn dat je Mike ziet.' Stijn keek ernstig voor zich uit. 'Mike moet morgen naar het ziekenhuis en we weten niet hoe lang hij moet blijven.' Stijn knikte naar Mikes moeder om aan te geven dat hij het begreep. 'Ga maar even naar hem toe.'

Stijn deed de deur van de woonkamer open.

In de voorkamer zat Femke een boek te lezen. Ze lachte naar Stijn. 'Hoi, Stijn,' zei ze.

Stijn glimlachte naar haar terug. Hij merkte op dat haar gezicht wel lachte, maar dat haar ogen niet meededen.

Mike lag in de achterkamer, bewegingloos en met gesloten ogen. Het was dat zijn dekbed heel zachtjes op en neer ging, anders zou Stijn denken dat hij dood was.

Femke was opgestaan en achter Stijn aangelopen. Ze stond nu naast hem. Hij rook haar parfum en kon zich niet herinneren ooit op deze manier twee gevoelens door elkaar te hebben gevoeld. Aan de ene kant het enorme verdriet om de ziekte van zijn vriend en aan de andere kant de heerlijke geur van zijn buurmeisje, die nu heel dicht bij hem stond.

Femke legde haar hand op Stijns schouder. 'Mike,' riep ze zachtjes. 'Stijn is hier.'

Mike deed voorzichtig zijn ogen open en keek Stijn aan. Zijn gezicht straalde toen hij zijn vriend zag staan.

'Hé, Stijn,' zei hij zwakjes.

Ineens kwam hij overeind alsof hij iets belangrijks vergeten was. Zijn ogen stonden opeens heel helder en hij vroeg: 'En? Gewonnen?'

Femke duwde Mike terug in bed. 'Blijf nou maar liggen,' zei ze met een strenge ondertoon in haar stem.

Mike liet zich weer achterover zakken, terwijl hij Stijn vragend aan bleef kijken.

Stijn schudde zijn hoofd: 'Nee, gelijkgespeeld.' Hij vertelde het verhaal van de wedstrijd en de gemiste strafschop.

'Sukkel,' fluisterde Mike en even deed hij zijn ogen dicht, om aan te geven dat hij het wel heel erg dom vond dat Stijn een strafschop had gemist.

'Nu moeten we winnen van de Stieren,' verduidelijkte Stijn. 'Maar dat gaan we zeker doen.'

Mike knikte en zijn ogen werden fel: 'Dat moet!' zei hij. 'Jullie moeten kampioen worden, Stijn. Ik gun het de Stieren voor geen meter.' Hij kwam weer overeind, maar liet zich meteen weer in zijn bed zakken en deed zijn ogen dicht.

'Ik denk dat je maar beter kunt gaan, Stijn.'

Het was Mikes moeder. Ze had de hele tijd achter Stijn en Femke gestaan. Stijn knikte en wilde zich omdraaien om weg te lopen.

'Hé,' riep Mike hem terug. Hij stak zijn hand uit.

Stijn liep terug naar het bed en gaf Mike een hand.

Z'n buurjongen trok hem naar zich toe en sloeg zijn arm om Stijns nek.

'Winnen, hè, zaterdag,' wenste hij Stijn nog toe terwijl hij hem strak in de ogen keek.

'Tuurlijk, joh,' antwoordde Stijn.

Stijn liep naar achteren om zijn fiets te pakken om naar Storm en Bram te gaan. Hij riep nog even naar zijn moeder dat hij wegging en hoorde zijn moeder nog roepen dat hij niet te laat thuis moest komen. Hij pakte zijn fiets, stapte op en fietste naar zijn vrienden.

Met zijn drieën fietsten ze naar het huis van Kevin. Stijn probeerde zijn bezoek aan Mike van zich af te zetten. Onderweg vertelde Stijn aan Bram wat hij van Ronnie had gehoord en dat ze dus niet meer hoefden te zoeken. Storm had de afgekeurde bal achterop zijn fiets, onder zijn snelbinders.

Ze waren blij dat ze nu bijna zeker wisten dat Kevin met opzet de verkeerde bal had teruggegeven, maar dat zouden ze nooit kunnen bewijzen. De Stieren zouden het altijd ontkennen. Ze zouden dan ook tegen Kevin zeggen dat hij per ongeluk de verkeerde bal had terug gegeven. Op die manier beschuldigden ze niemand en was de kans groter dat Storm zijn bal zou terugkrijgen.

Ze kwamen aan bij Kevins huis en zetten hun fietsen voor de deur.

Ze belden aan. Geen reactie.

Stijn probeerde het nog eens en hield de bel nu langer ingedrukt. Weer geen reactie.

'Verdorie,' zei Storm teleurgesteld, 'ze zijn niet thuis.'

Ze bleven nog even staan, zodat ze zeker wisten dat er niet werd open gedaan.

'Kunnen we niet achterom,' verzon Bram.

Storm en Stijn keken elkaar aan.

Stijn hield zijn hoofd een beetje scheef. 'Dat kan altijd,' zei hij schouderophalend.

'Waarom niet?' vulde Storm zijn vriend aan.

Ze liepen naar de zijkant van het huis en keken of de poortdeur open was. Helaas was die gesloten.

'Ik klim er wel overheen,' zei Bram stoer.

'Als jij nou met je rug tegen de muur gaat staan, Storm. Dan ga ik op je handen staan en ben ik er zo over.'

Stijn reageerde een beetje bangig. 'Dit is inbreken,' fluisterde hij.

'Welnee, joh,' zei Bram, 'dit heb ik al zo vaak gedaan.'

Stijn was het er niet mee eens. 'Dit kunnen we echt niet maken,' drong hij aan.

Maar Storm was al met zijn rug tegen de muur gaan staan en had zijn handen al samen gevouwen. Hij vond het wel wat.

Bram ging op Storms handen staan, pakte de bovenkant van de poortdeur en sprong zo over de deur heen. 'Gelukt,' hoorden ze de doelman aan de andere kant van de deur zeggen.

'Wat nou als iemand ons ziet?' sprak Stijn angstig.

Storm haalde zijn schouders op. 'Dan vluchten we,' antwoordde hij simpel. En met een hoofdknik gaf hij aan dat Stijn op zijn handen moest gaan staan.

'Ik niet,' zei Stijn resoluut. En alsof het hem wel goed uitkwam, vervolgde hij: 'Straks ga ik weer door mijn enkel en kan ik de wedstrijd van zaterdag wel vergeten.'

'Dan ga ik wel,' lachte Storm. Hij wist dat zijn vriend gewoon bang was en zijn enkel als smoes gebruikte.

Storm wipte net zo vlot als Bram over de poortdeur, waardoor ze nu allebei in de tuin van Kevin stonden. Ze liepen naar de schuur. Daar zou de bal van Storm moeten liggen. De deur van de schuur was open.

'Makkie,' zei Bram.

Storm liep terug naar de poortdeur en riep zachtjes: 'Stijn, pak de afgekeurde bal even van mijn fiets.'

Stijn liep naar Storms fiets en pakte de afgekeurde bal. Hij liep weer naar de poortdeur. 'Komt ie,' riep hij naar zijn vriend aan de andere kant van de deur, en hij gooide de bal erover heen.

Storm liep met de bal naar de schuur. Bram was al naar binnen gelopen en had het licht aangedaan. Storm had een angstige spanning in zijn maag.

'Heb je hem al?' vroeg hij hoopvol aan Bram.

'Nee, het is een zootje hier.'

Storm liep ook de schuur in. Ze keken rond, maar zagen de bal niet liggen. Bram liep de schuur door naar achteren.

Daar stond een wit kastje. Hij opende het. Het kastje stond vol met potten verf en glazen potten met een transparante vloeistof waar kwasten in stonden.

'Hm,' bromde hij 'hier ligt ie niet.'

Aan de andere kant zag Storm een blauwe, plastic box met een wit deksel staan. Op het deksel was een sticker geplakt waar met grote zwarte letters KEVIN op stond geschreven. Bingo, dacht Storm. Hij bukte en tilde het deksel op. Tussen allerlei andere spullen lag daar zijn Derby Star. 'Ik heb hem,' jubelde hij zachtjes.

Bram draaide zich om en liep naar Storm toe. Hij gaf hem een schouderklopje. 'Wissel de ballen om,' zei Bram.

Storm pakte zijn goede bal uit Kevins box. De spullen die naast de bal lagen, vielen om. Hij draaide de bal rond om te kijken of hij zijn initialen kon vinden. En inderdaad, er stond met zwarte letters SB op de bal geschreven. Dat gaf hem een opgelucht gevoel.

Hij pakte de afgekeurde bal om deze in de box te leggen. Maar eerst moest hij de omgevallen spullen terugduwen om de afgekeurde bal weer net zo neer te leggen als dat zijn bal lag. Maar het lukte niet.

Een voorwerp, dat in een doek gewikkeld zat, lag steeds in de weg. Storm haalde het uit de box en gaf het aan Bram. 'Houd eens vast,' commandeerde hij.

Bram pakte het aan. De doelman was erg nieuwsgierig en dat kwam in dit geval goed uit. Hij haalde de doek van het voorwerp af en gaf een luide schreeuw.

'Holy shit,' schreeuwde hij.

'Sst,' siste Storm.

'Kijk nou, Storm,' glunderde Bram. 'De Goldcup!'

Storm draaide zich om en keek naar de cup die Bram in zijn hand had. Die leek inderdaad erg op de Goldcup die in de glazen vitrine in het clubhuis van FC Rapitas had gestaan. Samen bekeken ze hem uitvoerig. De drie jaren waarin FC Rapitas achter elkaar de cup had gewonnen, stonden erin gegraveerd. Het kon niet missen: dit was de Goldcup.

'Meenemen?' vroeg Bram.

'Natuurlijk, man,' antwoordde Storm. 'Die brengen we terug naar de club.'

Storm legde de afgekeurde bal in de box en sloot hem af. Met bal en Goldcup liepen ze de schuur uit. Bram liep achter Storm aan. Zachtjes deden ze de deur van de schuur dicht.

'Hoe krijgen we de Goldcup nu aan de andere kant van de poortdeur?' peinsde Bram.

Storm wist het ook niet. Ze konden hem niet, net als de bal, over de poortdeur gooien. De kans dat hij dan stuk zou vallen was veel te groot.

'Ach, joh, wij zijn echt dom.' Storm sloeg met zijn platte hand tegen zijn voorhoofd. 'We kunnen van binnenuit de poortdeur gewoon open doen. Kijk maar, hij zit op slot met een knip.'

Bram schudde zijn hoofd. 'Dat kan niet. Van buitenaf kunnen we de deur niet weer op slot doen, dus dan weten ze dat er iemand in de tuin is geweest.'

Storm fronste zijn voorhoofd. 'Als we de deur nu open doen en jij gaat met bal en cup door de deur en ik blijf hier achter en doe de deur op slot en klim daarna over de muur?'

Alsof hij zojuist het achtste wereldwonder had ontdekt, keek hij Bram triomfantelijk aan.

Bram glimlachte. 'Goed plan, Storm.'

Hij deed de poortdeur zowel aan de boven- als aan de onderkant van de knip en opende de deur. Hij wilde vol trots de Goldcup aan Stijn laten zien, maar in plaats daarvan kreeg hij de schrik van zijn leven. Aan de andere kant van de deur stond inderdaad Stijn, maar naast hem stonden twee politieagenten. Een dikke en een dunne. Stijn keek erg ongelukkig.

De dikke agent keek naar Bram en Storm en vroeg streng: 'Zo heren, en wat denken wij dat we aan het doen zijn?'

Storm raakte in paniek en keek om zich heen of hij ergens naartoe kon rennen. Maar die mogelijkheid was er niet. En hij begreep dat vluchten met twee politieagenten vlak voor je, niet zo verstandig was.

De dunne agent pakte de bal en de Goldcup uit Brams handen. Hij haalde het doek eraf, bekeek de cup en zei tegen zijn collega: 'Hé, John, is dit niet die cup die uit het clubhuis van FC Rapitas is gestolen?'

De dikke agent keek naar de cup en knikte: 'Klopt, Aart, dit is de Goldcup.'

Hij richtte zich tot de jongens en zei: 'Ik ben bang dat jullie behoorlijk in de problemen zitten. Op heterdaad betrapt en nog met het bewijs van een andere inbraak ook. Dat maakt al twee inbraken en wij weten dat er dan meestal vele inbraken aan vooraf gegaan zijn.'

De vrienden werden in de boeien geslagen en door de agenten op de achterbank van de politieauto gezet. Zo reden ze naar het politiebureau. Storm vroeg in de auto aan Stijn wat er gebeurd was. Stijn antwoordde dat de buurvrouw van Kevin hen over de poortdeur had zien klimmen en de politie gebeld had. Stijn op zijn beurt vroeg hoe ze aan de Goldcup kwamen. Bram vertelde dat die in de schuur van Kevin had gelegen.

Stijn schudde zijn hoofd. Dat is nu niet meer te bewijzen, dacht hij.

Op het politiebureau werden de handboeien afgedaan. De jongens moesten hun naam, adres en telefoonnummer op een formulier invullen. Daarna moesten ze alles wat in hun zakken zat afgeven en ook moesten ze hun horloges afdoen. Alles werd in drie verschillende plastic zakjes gedaan. Agent John bracht hen naar de cel en vertelde dat hun ouders zouden worden gebeld.

'Mooie boel' mopperde Stijn. Het huilen stond hem nader dan het lachen.

Storm zat met zijn hoofd in zijn handen.

Alleen Bram kon er de lol wel van inzien. 'Hebben jullie ook eens in de cel gezeten,' grinnikte hij.

'Wat?' Stijn wist niet wat hij hoorde. 'Heb jij hier al eens gezeten dan?' vroeg hij.

Bram knikte bevestigend. 'Keer of drie,' grijnsde hij.

'Voor wat dan?' Storm had zijn hoofd uit zijn handen gehaald en keek Bram vol ongeloof aan.

Brams bravoure was verdwenen en had plaats gemaakt voor gemeende schaamte. Hij dacht na en bekende: 'Keertje voor brandstichting. We waren kerstbomen aan het verbranden aan de rand van het bos. Dat was niet slim.'

Stijn kon een glimlach niet onderdrukken.

'Eens even denken.' Bram keek naar het plafond van de cel. 'Keertje voor het stelen van een fiets.

Storm keek hoofdschuddend naar Stijn die een steeds groter wordende glimlach op zijn gezicht kreeg.

'Enne … een keertje voor het gooien van sneeuwballen naar auto's. Maar dat was maar kort, hoor. Als waarschuwing moest ik een uurtje in de cel zitten.'

Stijn wilde vragen wat Bram dacht dat er nu zou gebeuren, maar hij kreeg de kans niet. Er klonken voetstappen en agent John kwam aanlopen.

'Brouwer?' zei hij op vragende toon.

Storm stond op. 'Dat ben ik,' zei hij.

'Meekomen,' commandeerde de agent onvriendelijk.

Storm liep voor de agent uit die hem bij zijn arm vasthield. Korte tijd later kwam een andere agent aanlopen.

Nu moest Stijn meekomen.

Ze liepen terug de gang door en gingen een kantoortje binnen. Aan een tafeltje zaten zijn vader en moeder. Ze keken niet vrolijk. Stijn moest aan de andere kant van het tafeltje gaan zitten. Toen liep de agent het kantoortje weer uit.

'Heb je echt ingebroken?' vroeg zijn vader.

Stijn keek naar zijn moeder. Hij kon zien dat ze had gehuild. Toen hij zijn moeder zo zag, schaamde hij zich nog meer voor wat hij had gedaan.

'Ik vroeg je wat,' brieste zijn vader.

'Niet echt,' fluisterde Stijn.

Hij wilde net uitleggen wat er was gebeurd, toen agent John binnenkwam. Hij had een papiertje in zijn hand en ging zwijgend achter de computer zitten. Hij tikte een paar gegevens over van het papiertje en richtte zich toen tot Stijn.

'Zo Stijn,' begon hij, 'vertel maar eens wat er gebeurd is.'

Stijn keek op van de vriendelijke toon in de stem van de agent. Op de televisie werden de verdachten van misdaden heel anders aangesproken.

Stijn vertelde het hele verhaal. Van Storms bal, die door de Stieren was meegenomen, van de voetbalwedstrijd met de afgekeurde bal en van het omruilen en het klimmen over de muur. De agent typte alles in de computer en vroeg af en toe iets wanneer het hem niet helemaal duidelijk was.

'En die Goldcup?' was zijn laatste vraag. 'Hoe komen jullie daar aan?'

Stijns vader verschoof iets op zijn stoel en boog voorover.

Stijn keek naar de agent en zei: 'Die lag in de schuur bij Kevin.'

De agent typte het antwoord in op computer. 'Weet je het zeker?' herhaalde hij de vraag nog eens.

'Absoluut,' antwoordde Stijn.

De agent typte de laatste paar zinnen, keek naar het beeldscherm en printte het verslag van het gesprek uit. Terwijl hij opstond, zei hij: 'Ik ben zo terug.'

Stijns vader keek nog altijd niet vrolijk. 'Ik had je wijzer ingeschat,' begon hij. 'Je moet met je handen van de spullen van iemand anders afblijven.'

'Het was Storms bal.'

'Het is de tuin van Kevins ouders.'

'Maar er was niemand thuis.'

'Dan wacht je tot ze thuis zijn en bel je netjes aan.'

Stijn zag dat zijn vader langzaam boos werd, dus besloot hij te stoppen. Van welke kant je het ook bekeek, hij wist dat zijn vader gelijk had.

Niet lang daarna kwam de agent terug.

'Je mag gaan,' zei hij tegen Stijn. 'Jullie hebben alle drie hetzelfde verhaal verteld. Het is nu aan de bewoners van het huis. Als zij aangifte doen van inbraak, dan maken we een proces-verbaal op en moeten jullie hier terugkomen. De enige onduidelijkheid is nog wie de Goldcup heeft gestolen. Jullie hebben geen enkel bewijs dat jullie hem in de schuur gevonden hebben, ook al hebben jullie alle drie hetzelfde verteld.'

Stijns moeder, die tot nu toe nog niets had gezegd, wendde zich tot de agent. 'Wat gebeurt er nu verder?'

De agent trok een gezicht waaruit bleek dat hij dat niet wist.

'Als er aangifte wordt gedaan, dan bepaalt de kinderrechter wat er met de jongens gebeurt.'

Stijn voelde een paniekaanval opkomen. Gevangenisstraf, dat zou een ramp zijn. Dan zou hij de wedstrijd van zaterdag kunnen missen.

De agent praatte verder. 'Zodra we meer weten, nemen we contact met u op.'

Ze stonden op.

'Volgende keer nadenken waar je mee bezig bent, vriend,' gaf hij Stijn nog even mee.

Stijn knikte en bedacht dat hij het direct al geen goed idee had gevonden om over de poortdeur te klimmen. Maar hij vond het niet eerlijk om dat te zeggen. Dan had hij weg moeten lopen of Storm en Bram tegen moeten houden. Hij had besloten erbij te blijven en hij had Storm zelfs geholpen over de muur te klimmen.

Ze liepen achter de agent aan het kantoortje uit, de gang door en kwamen bij de receptie. Daar kreeg Stijn het zakje met zijn spullen terug. De agent gaf hen een hand en zei nog eens dat hij snel van zich zou laten horen. Toen liepen ze naar buiten.

Stijn zei tegen zijn vader dat hij hem bij Kevin moest afzetten, omdat daar zijn fiets stond.

'Niets ervan, jongeman. Jij gaat mee naar huis en komt dat voorlopig ook niet meer uit. Behalve voor school.'

De paniek diende zich weer aan bij Stijn. 'Ik mag toch wel trainen,' vroeg hij voorzichtig.

'Dat weet ik nog niet. Daar gaan je moeder en ik eens goed over nadenken' antwoordde zijn vader.

'Hallo, hallo,' hoorden ze ineens roepen.

Ze keken om en zagen dat agent John stond te zwaaien. Toen hij zag dat ze niet verder liepen, kwam hij achter hen aan.

‘Kunt u nog even terugkomen?’ vroeg hij.

Stijns ouders keken elkaar aan.

‘Tuurlijk,’ antwoordde zijn vader.

Ze liepen weer terug naar het politiebureau.

Aan de receptie stonden Bram en Storm en hun ouders. Ook zij mochten nog niet weg.

Toen ze er allemaal waren, vertelde agent John waarom ze terug moesten komen.

‘Er is wat meer duidelijkheid over het stelen van de Goldcup. Maar daarvoor heb ik de drie jongens even nodig.’

Hij keek naar de ouders en ging verder. ‘U mag plaats nemen in de wachtkamer. Jongens, lopen jullie mee?’

De jongens keken elkaar aan. Ze snapten er helemaal niets van. Hun ouders liepen naar de wachtkamer terwijl zij de agent volgden. Ze liepen dezelfde gang door als daarstraks en gingen weer een kantoortje binnen. De agent ging hen voor.

Vlak achter hem liep Stijn. Hij liep het kantoortje in en viel zowat flauw toen hij zag wie er zat.

'Ronnie?' riep Stijn. 'Wat doe jij hier?'

Ronnie zat aan een tafeltje en keek naar beneden. Naast hem zat een vrouw, die erg veel op Ronnie leek.

Dat zal zijn moeder wel zijn, dacht Stijn.

Ook toen de agent en de jongens waren gaan zitten, keek Ronnie hen niet aan.

De agent nam het woord: 'Deze jongeheer heeft zich hier zojuist vrijwillig gemeld en wil een verklaring afleggen, die met het stelen van de Goldcup te maken heeft. Maar hij wilde het alleen vertellen als jullie erbij zouden zijn.

Hij keek naar Ronnie en spoorde hem aan om te beginnen. 'Toe maar,' zei hij, 'vertel je verhaal maar.'

De agent nam plaats achter een computer en begon met typen toen Ronnie het woord nam.

Ronnie richtte zijn blik op de agent en bewust niet op de jongens. Hij praatte erg zachtjes, maar wel verstaanbaar. Eerst vertelde hij dat hij via Kevin gehoord had dat de jongens waren opgepakt bij zijn huis. Met de Goldcup in hun handen. Hierna vertelde hij dat hij erbij was toen de Goldcup gestolen werd uit het clubhuis. Dat Jim en Kevin de diefstal hadden gepleegd en dat hij mee moest van Jim. Dat hij bang was voor Jim als hij niet deed wat hij zei, omdat hij steeds dreigde hem in elkaar te slaan. Dat hij wist van het omruilen van de bal, maar dat hij niets mocht zeggen van Jim. Als hij het zou vertellen, dan zou hij tegen de politie zeggen dat hij erbij was toen de Goldcup gestolen werd.

Bij Ronnie stond het huilen hem nader dan het lachen.

'Goed dat je het komt vertellen, Ronnie,' zei de agent. 'Maar ik ben bang dat we nog altijd geen bewijs hebben dat deze jongens de Goldcup niet gestolen hebben. Kevin en Jim worden nu van huis opgehaald, maar als zij erbij blijven dat ze er niets mee te maken hebben, kunnen we niets.'

Stijn wist dat de agent gelijk had. Het zou Ronnies woord tegen het woord van Jim en Kevin zijn. 'Wij blijven dus verdacht?' vroeg hij aan de agent.

'Ik ben bang van wel,' zuchtte die. 'Wij hebben jullie gesnapt met de Goldcup. Jullie enige hoop is dat die andere jongens bekennen dat zij het gedaan hebben. Maar uit ervaring weet ik dat zoiets niet zo snel zal gebeuren.'

Ondertussen had Ronnie zijn mobiel gepakt.

De agent zag het en zei: 'Je mag hier niet bellen, Ronnie.'

'Dat was ik ook niet van plan,' antwoordde hij nauwelijks hoorbaar. 'Maar hier staan foto's op. En op die foto's is te zien dat Kevin en Jim bezig zijn met inbreken in het clubhuis van FC Rapitas. Ik heb ze stiekem genomen. Zij weten het niet.'

Stijn keek naar de agent en zag dat zijn ogen begonnen te glinsteren.

'Mag ik eens kijken?' vroeg de agent, terwijl hij zijn arm

uitstak om het toestel van Ronnie aan te pakken. Hij bekeek de foto's en riep enthousiast: 'Hier kunnen we wel wat mee!'

De uitdrukking op zijn gezicht werd een stuk minder vrolijk, toen hij tegen Ronnie zei: 'Maar ik ben ook bang dat dit het bewijs is dat jij erbij was.'

Ronnie keek weer naar de grond. 'Dat weet ik,' fluisterde hij. 'Maar ik kon niet meer leven met al die leugens. Ik sliep nauwelijks en had nachtmerries over gevangenissen.'

De agent verliet het kamertje met Ronnies mobiele telefoon.

Storm was de eerste die wat zei.

'Hoe komt het dat je zo bang bent voor Jim?'

Ronnie haalde zijn schouders op.

'Je had naar de meester moeten gaan en het hem moeten vertellen. Of je had ook naar ons toe kunnen komen, dan hadden wij je geholpen.'

Stijn viel zijn vriend bij. 'Ja, en dan hadden wij Jim wel te pakken genomen. Net als op het schoolplein,' lachte hij, terwijl hij Storm hard op de schouders sloeg.

'Ik heb wel een probleem,' kondigde Ronnie somber aan.

Ronnies moeder pakte zijn arm vast en wreef er zachtjes over heen. 'Het is toch niet allemaal jouw schuld, liefje.'

Stijn vulde haar aan. 'Jij werd bedreigd. Het is die akelige Jim die overal de schuld van is. Hij heeft je bijna gedwongen.'

Bram deed voor het eerst ook van zich spreken: 'Mooi gesproken Stijn, je moet advocaat worden.'

Ze lachten allen hartelijk om deze opmerking en zelfs bij Ronnie kon er een lachje af.

De agent kwam weer binnen en verklaarde dat de jongens mee moesten lopen, maar dat Ronnie en zijn moeder nog even moesten blijven zitten.

Stijn en Storm liepen naar de wachtkamer.

'We hebben wel de training van vanavond gemist,' mompelde Storm.

'We hebben er toch een goede reden voor?' reageerde Stijn. 'Daar zal meneer Dekker niet moeilijk over doen, denk ik.'

Hij hoopte dat zijn ouders niet al te boos waren en dat hij donderdag wel gewoon kon trainen en mee mocht doen in de belangrijke wedstrijd tegen SV EMS.

Bij de uitgang van het politiebureau namen ze afscheid van elkaar.

In de auto vertelde Stijn aan zijn ouders het verhaal van Ronnie over het stelen van de Goldcup en de daarbij behorende foto's.

'Wel zielig voor hem,' had zijn moeder gezegd. 'Die jongen zal het niet makkelijk gehad hebben. Je leest zoveel over kinderen die gepest worden en wat voor problemen ze er daarna aan overhouden. Ze zouden hier veel meer aandacht aan moeten besteden.'

Stijn en zijn vader waren het daarmee eens. Zijn vader had daar nog aan toegevoegd dat hij het knap vond dat Ronnie zich gemeld had bij de politie.

Toen ze thuiskwamen, ging Stijn meteen naar zijn kamer. Hij had door dat hele gedoe een behoorlijke achterstand met zijn huiswerk.

Na een uurtje vroeg zijn moeder of hij even beneden wilde komen. Zijn ouders gingen in de woonkamer zitten. Stijn merkte op dat ze allebei erg neergeslagen keken. Het leek wel of zijn moeder weer gehuild had.

Stijn was ineens bang. O nee, dacht Stijn, ze hebben het zeker over het voorval gehad en besloten om hem toch niet mee te laten doen tegen SV EMS.

Zijn vader keek hem aan en zei: 'Kom maar even tussen ons in zitten.'

Stijn deed wat hem werd gezegd en bereidde zich voor op de klap.

'We moeten je iets vertellen,' vervolgde zijn moeder.

Kom nou maar met het slechte nieuws, dacht Stijn, dit is alleen maar uitstel van executie.

Maar het gesprek ging helemaal de andere kant op.

'Mikes vader is hier net geweest,' begon zijn vader, 'om te vertellen dat Mike aan het einde van de middag is opgehaald door een ziekenauto. Het ging steeds slechter met hem. In het ziekenhuis hebben ze een aantal onderzoeken gedaan. Het kan nu verschillende kanten op. Het kan zijn dat Mike nooit meer uit het ziekenhuis komt, maar het kan ook zijn dat hij ineens weer thuis is, als het weer beter gaat. De dokters hebben gezegd dat wanneer de uitslag van de onderzoeken niet al te slecht is, er een nieuw geneesmiddel op hem wordt geprobeerd.'

Zijn vader stopte even met praten om te zien hoe Stijn reageerde.

'Betekent dat,' reageerde Stijn, 'dat Mike dan weer beter wordt?'

Stijns vader schudde langzaam zijn hoofd heen en weer.

'Alles kan. Met dat geneesmiddel hebben ze wel al heel goede resultaten gehaald, maar het is nu nog te vroeg om daar iets over te zeggen. Voorlopig gaat het erg slecht met Mike.'

Stijn knikte. Dat had hij tijdens zijn laatste bezoek al gezien.

Stijns moeder was al die tijd stil geweest, maar zei nu: 'Je moet altijd blijven hopen, Stijn. En Mike is een positieve jongen die zal blijven vechten.'

Stijn knikte weer en bedacht hoe mooi het zou zijn als Mike weer helemaal beter zou worden.

’s Avonds werden ze gebeld door agent John.

De ouders van Kevin hadden besloten geen aangifte te doen van de inbraak. Stijns moeder had daarna de ouders van Kevin gebeld om hen te bedanken. Die vonden dat de jongens niet over het hek hadden mogen klimmen. En omdat ze alleen de bal en de Goldcup hadden meegenomen, vonden ze dat ze niet gestraft moesten worden. Ook omdat Kevin zelf de ballen had omgeruild.

Van Kevins moeder hoorde ze dat Kevin, Jim en Ronnie niet meer op het politiebureau zaten, maar naar huis waren gestuurd. Zij moesten zich de volgende dag na schooltijd wel op het politiebureau melden. Het bestuur van FC Rapitas had, nadat ze erachter kwamen dat de Goldcup verdwenen was, namelijk wel aangifte gedaan van de inbraak. Hoe het verder zou gaan, kon de moeder van Kevin nog niet zeggen.

Stijns vader was naar de club toe gegaan. Hij moest een training geven en zou kijken of hij iets voor de jongens kon regelen. Misschien waren ze van plan de aangifte van de inbraak in te trekken omdat de Goldcup nu terecht was. Hij kende de mensen van het bestuur goed en zou eens met hen overleggen.

Nadat Stijns moeder verslag had gedaan van het gesprek,

vroeg Stijn of hij nog even mocht msn'en om te kijken of er kinderen van zijn klas online waren. Gelukkig mocht dat.

Stijn zat niet veel achter de computer. Storm en hij waren altijd buiten te vinden. 's Avonds zat hij nog wel eens te msn'en, maar omdat hij 's middags vaak buiten was, moest hij 's avonds meestal nog huiswerk maken. Dus erg veel tijd om achter de computer te zitten had hij niet.

Hij zag dat Storm ook online was.

Stijn: Hoi 

Storm: Hoi

Stijn: Heb je het al gehoord van Mike?

Storm: Nee, wat is er dan?

Stijn: Hij is vanmiddag naar het ziekenhuis gebracht.

Storm: Goh, wat erg. Waarom? 

Stijn: Het ging erg slecht met hem.

Storm: En nu?

Stijn: Ze gaan misschien een nieuw medicijn uitproberen.

Storm: Wordt hij dan weer beter?

Stijn: Ze moeten eerst nog testen of ze dat medicijn kunnen gebruiken.

Storm: Hopen maar dat de testen goed gaan.

Stijn: Tja … 

Storm: Heb jij nog straf?

Stijn: Nee. Jij?

Stijn: We hadden nooit over dat hek moeten klimmen.

Storm: Dan hadden we de Goldcup niet teruggevonden.

Stijn: Daar heb je gelijk in.

Stijn: Ik hoop niet dat Jim en Kevin gestraft worden.

Stijn: Straks mogen ze zaterdag niet meedoen.

Storm: Beter.

Stijn: Ik hoop dat ze wel meedoen.

Storm: Waarom. Als ze niet meedoen, hebben we meer kans om te winnen, toch?

Stijn: Dat wel, maar als wij winnen, kunnen ze altijd achteraf zeggen dat het kwam doordat zij niet meededen.

Storm: Hé, Bram is ook online.

Storm en Stijn maakten er een groepsgesprek van door Bram toe te voegen aan hun gesprek.

Bram: Hoi.

Stijn: Hé, Bram. Gaat het goed?

Bram: Niet echt.

Storm: Wat dan?

Bram: Ik mag zaterdag niet meedoen. 😖

Stijn: Nee, dat meen je niet?
Bram: Omdat het al de vierde keer is dit jaar, moet ik nu van voetbal af.
Stijn: Dat is echt balen.
Bram: Zeker. Ik had me zo verheugd op de wedstrijd van aanstaande zaterdag.
Stijn: Echt vervelend voor je.
Bram: Ach, mijn ouders hadden me bij de vorige keer al gewaarschuwd, dus het is mijn eigen schuld.
Storm: Wie gaat er nu keepen?
Bram: Dat wordt Murrad van het tweede team. Hij traint woensdag met jullie mee.
Stijn: Die keept dit jaar pas voor het eerst.
Storm: Dat komt echt slecht uit.
Stijn: Tja, die is zeker niet zo goed als jij.
Bram: Ik heb het al tegen meneer Dekker gezegd.
Storm: Die was niet blij zeker?
Bram: Nee, maar ja. Ik kan er niets meer aan doen.

Ze hadden het er nog even over. Stijns moeder riep van beneden dat hij moest stoppen. Het was inmiddels kwart over negen. Stijn moest naar bed. Hij viel niet meteen in slaap en lag nog wakker toen hij zijn vader thuis hoorde komen. Enkele minuten later hoorde hij zijn vader de trap op komen en zachtjes de deur van zijn slaapkamer open doen.

'Slaap je al, Stijn?' vroeg hij fluisterend.

'Nee,' fluisterde Stijn terug. Hij wist eigenlijk niet waarom hij fluisterde.

Zijn vader deed het licht aan en kwam naast hem zitten.

'Hoe is het?'

'O, wel goed.'

'Ben je verdrietig vanwege Mike?'

'Best wel, maar ik ben blij dat ik vanmiddag nog even bij hem thuis ben geweest.'

'Dat kan ik me voorstellen.'

'Mike vertelde nog dat hij zo graag wilde dat we kampioen worden.'

'Dan zou ik dat maar doen.

'Graag,' zei Stijn met een glimlach.

Zijn vader aaide hem over zijn hoofd en zei: 'Ik heb het bestuur voorgesteld om de aanklacht in te trekken. We hebben er niets aan om mensen van SV EMS tegen ons in het harnas te jagen. Dat vergroot alleen maar de onderlinge strijd en dat moeten we voorkomen.

Het bestuur was het daarmee eens en zou voorstellen dat de inbrekers alleen de schade van het ingeslagen raam vergoeden. De straf voor de jongens laten ze aan de ouders over.'

Stijn was rechtop gaan zitten. 'Dat is mooi. Ik hoop dat die jongens mee kunnen doen tegen ons. Het zou geen goed gevoel geven als we van hen winnen omdat zij niet meedoen.'

Stijns vader glimlachte. 'Daar heb je gelijk in. Dan zou je een heel seizoen je uiterste best doen en kampioen worden, zonder het gevoel te hebben dat je het echt hebt verdiend.'

'Heb je meneer Dekker nog gezien,' vroeg Stijn.

'Zijn vader knikte. 'Ja, ik heb hem uitgelegd wat er gebeurd was. Hij begreep al niet dat jullie er niet waren.'

Stijn vertelde dat Bram niet mee mocht doen tegen SV EMS en dat de keeper van het tweede team nu wel zal invallen.

'Hm,' reageerde zijn vader, 'dat is niet zo gunstig. Bram is een erg goede keeper. Murrad kan ook wel goed keepen, maar om nou in zo'n wedstrijd voor het eerst met het hoogste team mee te doen, is niet zo handig. Ik hoop dat hij niet te nerveus is.'

Stijn knikte. 'Hij traint woensdag met ons mee. Hopelijk kunnen we hem dan wat laten wennen.'

'Dat hoop ik ook. Ga nu maar gauw slapen. Het is een belangrijke week.'

Stijn ging weer liggen en zei nog: 'Tot morgen.'

Zijn vader deed het licht uit en nu viel Stijn wel snel in slaap.

Het bestuur van FC Rapitas had de aangifte inderdaad ingetrokken. De ouders van Jim, Kevin en Ronnie betaalden het nieuwe raam aan FC Rapitas terug en daarmee was de zaak afgedaan.

Op de training van donderdag deed zich echter weer een naar incident voor. Het begin was goed. Ze deden eerst wat loopoefeningen zonder bal en daarna met bal. Vervolgens had meneer Dekker allerlei spelvormen nagebootst. Zo werd er een vier-tegen-driesituatie nagedaan, waarbij de aanvallers met zijn vieren moesten proberen de drie verdedigers uit te spelen en te scoren. Daarna werd dezelfde oefening uitgevoerd, maar dan met drie aanvallers en vier verdedigers. Murrad verdedigde het doel en Stijn was verrast door zijn goede keeperswerk. Ook het meevoetballen ging hem goed af. De andere jongens moedigden hem aan en gaven hem steeds complimentjes als hij iets goed deed. Tot slot werd er een grote partij gespeeld.

De trainingswedstrijd was vijf minuten bezig, toen Jim en Kevin opdoken. Ze stonden aan de andere kant van het hek dat achter het doel van Murrad stond.

'Hé, kijk nou,' hoorden ze Jim roepen, 'ze hebben een allochtoon op doel.'

Stijn keek naar het hek en zag zijn twee klasgenoten staan. O nee, dacht hij. Niet nu!

Stijn liep vanuit de spits naar Murrad en zei dat hij niet moest reageren. Hij legde uit wie de jongens waren. Terwijl hij terugliep, kwam hij langs Storm en siste hem toe: 'Rustig houden, jij.'

De trainingspartij verliep niet slecht, maar Stijn kon zijn gedachten er niet bijhouden. Jim kon zijn mond niet houden en hij maakte bij elke verkeerde pass een rotopmerking.

Ongeveer halverwege de trainingspartij kreeg de partij van Stijn en Murrad een hoekschop tegen. De bal kwam hoog in het vijfmetergebied en Murrad deed twee stappen naar voren om hem uit de lucht te plukken. Zijn handen omklemden de bal, maar hij had hem niet onder controle en liet hem vallen. Een aanvaller stond naast Murrad en zag de bal vallen. Met een simpele voetbeweging tikte hij, voordat Murrad zich kon herstellen, de bal het lege doel in. Normaal gesproken had niemand zich druk gemaakt over het doelpunt, maar de twee jongens achter het hek bulderden van het lachen.

'Dat wordt een makkie zaterdag, met zo'n kluns op doel,' schreeuwde Jim.

Kevin deed ook nog een duit in het zakje: 'Wij stellen zaterdag wel negen spelers op in plaats van elf, want deze keeper telt voor min twee.'

Stijn zag dat Murrad erg onzeker werd van het geschreeuw achter zijn doel en liep naar zijn klasgenoten toe.

'Hé, jongens, houd daar eens mee op. Wat heeft het nou voor zin om zo te schreeuwen?'

Maar hij had beter zijn mond kunnen houden, want Jim ging steeds harder roepen.

'Die Turk kan beter schapen gaan slachten, want dat kan hij beter dan keepen. Alhoewel, die schapen zal hij ook wel loslaten en dan vluchten ze.'

Kevin en Jim schaterden het uit.

Meneer Dekker was inmiddels naast Stijn komen staan en vroeg aan Jim en Kevin of ze weg wilden gaan.

'Tuurlijk,' antwoordde Jim. 'We gaan al, want stel je voor dat dit slechte voetbal besmettelijk is.'

Storm had het allemaal aangehoord en was achter de rug van Stijn en meneer Dekker dichterbij geslopen. Hij kon zich niet meer beheersen en rende om het hek heen, achter de Stieren aan.

'Jullie moeten eens leren je kop te houden,' schreeuwde hij al rennend.

De Stieren schrokken van Storm en zetten het op een lopen. Storm rende achter hen aan.

'Storm, niet doen,' schreeuwde Stijn hem na. Maar de verdediger was niet meer tot bedaren te brengen.

Aan het einde van het paadje was een bocht naar rechts. Hierna kwamen ze op de weg die evenwijdig aan het veld liep. De Stieren renden naar rechts en ook Storm nam de bocht. Hij vergat alleen dat hij voetbalschoenen aanhad met noppen eronder. Door de scherpe bocht naar rechts verloren zijn noppen de grip op de weg en gleed hij uit. Hij wilde meteen opstaan, maar voelde dat dit niet ging. Zijn linkerknie blokkeerde en hij kon deze niet meer buigen. Stijn was achter hem aan gegaan en zag hem vallen. Hij rende naar hem toe. Ook de andere jongens stonden nu om Storm heen

'Wat een ongelooflijke eikel is die Jim,' schreeuwde hij.

'Wat heb je?' informeerde Stijn, die de blessure van zijn vriend belangrijker vond dan Jim en Kevin.

'Mijn knie,' kermde Storm. 'Ik kan hem niet meer buigen.'

Meneer Dekker boog zich over Storm heen en keek naar zijn been.

'Die zit op slot!' sprak hij beslist. 'Dat is niet zo mooi.'

Storm werd naar de kleedkamer gedragen. Meneer Dekker zei tegen de jongens dat hij met Storm naar het ziekenhuis moest. 'Ik denk dat het zijn meniscus is.'

'En zaterdag dan?' vroeg Storm zachtjes.

'Ik ben bang dat je dat wel kan vergeten,' antwoordde meneer Dekker.

Hij droeg Storm naar zijn auto, legde hem op de achterbank en stapte in

'Sterkte, Storm,' wenste Stijn zijn vriend toe.

'Bedankt,' antwoordde Storm, die zijn tranen probeerde te verbergen.

De jongens ruimden de spullen van de training op en gingen naar de kleedkamer. Stijn zag dat Murrad zielig in een hoekje van de kleedkamer was gaan zitten.

'Maak je geen zorgen, Murrad,' beurde hij zijn keeper op. 'Zaterdag beslis jij voor ons de wedstrijd en zorg jij ervoor dat we kampioen worden.'

Murrad knikte nauwelijks zichtbaar en lachte voorzichtig naar Stijn.

'Ik doe mijn best. En als die gozer denkt dat hij me zo klein krijgt dan heeft hij het mis. Als je een Turk op scherp wilt zetten, dan moet je het zo doen. Laat hem maar komen zaterdag, met zijn grote bek.'

Stijn lachte opgelucht. Hij was bang dat Murrad na vanavond niet meer mee zou willen doen. Dan hadden ze de keeper van een nog lager team moeten vragen, of een veldspeler op doel moeten zetten. En dan was zeker elk schot op doel een goal geweest.

'Zo mag ik het horen,' zei Stijn.

Het opgeluchte gevoel maakte snel plaats voor een ongerust gevoel over Storm. Terwijl de andere jongens zich uitkleedden en gingen douchen, legde Stijn zijn benen op de bank en ging met zijn rug tegen de muur zitten.

Dat wordt echt een zware wedstrijd, dacht hij nog eens.

Meneer Dekker had het goed gezien. De blessure van Storm viel beslist niet mee. Bij het wegglijden had hij zijn knie verdraaid. Daardoor was er een botje in zijn knie, de meniscus dus, verschoven. Dat had ervoor gezorgd dat hij zijn knie niet meer kon buigen. In het ziekenhuis hadden ze het weer goed gezet, maar hij mocht zeker zes weken niet sporten.

De volgende dag liep Storm op krukken. Hij mocht de eerste week niet op zijn geblesseerde been staan. Storm baalde enorm dat hij nu de wedstrijd tegen De Stieren moest missen.

Jim en Kevin hadden zich de volgende dagen opmerkelijk rustig gehouden. Ze hadden geen verkeerd woord meer tegen Storm en Stijn gezegd.

Zaterdag had Stijn de wekker op acht uur gezet, maar achteraf was het niet nodig geweest. Hij was al voor halfzeven wakker, maar dwong zichzelf om te blijven liggen. De rust had hij nodig om later die dag fris aan de aftrap van de wedstrijd te staan.

De tijd kroop vooruit. Na het ontbijt kleedde Stijn zich aan en controleerde voor de tiende keer of hij alles wel in zijn tas had zitten. Wonder boven wonder zat alles er weer in.

'Ben je er klaar voor, Stijn?' vroeg zijn vader.

'Jawel,' antwoordde Stijn kortaf.

Als hij zenuwachtig was voor een wedstrijd, wilde hij niet zoveel praten. Dan wilde hij het liefst zoveel mogelijk over de wedstrijd nadenken. Dat was zijn manier van concentreren. Zijn ouders wisten dat en lieten hem dan ook met rust. Stijn ging naar zijn kamer, pakte een stripboek en probeerde weer te lezen. Maar ook dit lukte niet echt.

Eindelijk was het kwart over tien en smeerde hij nog twee boterhammen en at die op. Het glas melk ging een stuk makkelijker naar binnen dan eerder die ochtend.

Het was nu halfelf. Stijn deed zijn schoenen en jas aan en zei zijn ouders gedag. Het gebruikelijke 'succes' was hun antwoord. Hij pakte zijn tas en liep naar de schuur om zijn fiets te pakken en reed naar Storm toe. Even later fietsten ze samen naar de sportvelden.

Iets te vroeg kwamen ze aan in de kantine. Toch waren er al een aantal teamgenoten aanwezig. Ze zaten om een tafeltje te wachten op de rest van het team. Meneer Dekker was er ook al. Niet lang daarna waren ze compleet en konden ze naar de kleedkamer gaan.

Ze zouden op het hoofdveld van de tegenpartij spelen. SV EMS had een hoofdveld dat helemaal apart van de andere velden lag. Er stond aan een kant een grote tribune en daaronder waren de kleedkamers. Vanuit deze kleedkamers liep je onder de tribune door het veld op. Alle vorige wedstrijden tegen SV EMS hadden ze op de bijvelden gespeeld en dit was de eerste keer dat ze op het hoofdveld mochten spelen. Uiteraard kwam dit doordat het een kampioenswedstrijd was.

In de kleedkamer mochten ze zich nog niet omkleden. Meneer Dekker veegde het schoolbord schoon. Met een krijtje tekende hij een voetbalveld op het bord en de namen van de spelers. Stijn zat naast Murrad. Meneer Dekker maakte de opstelling bekend en zei dat Stijn aanvoerder was nu Storm geblesseerd was. Hij probeerde het team gerust te stellen en de zenuwen weg te nemen. Zijn advies om de warming-up te gebruiken om rustig te worden en een lekker gevoel te krijgen, vond Stijn een goede tip.

Na een kwartier mochten ze zich omkleden, maar ze mochten nog niet meteen naar buiten. Meneer Dekker wilde dat ze allemaal tegelijk gingen, zodat ze gezamenlijk aan de warming-up konden beginnen.

Stijn zag dat Murrad zijn veters niet gestrikt kreeg. Hij trilde zo van de zenuwen dat hij geen kracht in zijn handen had. Stijn hielp hem en praatte op hem in om hem rustig te maken. Hij vond dat wel prettig, want zo kon hij zich op Murrad richten en vergat hij zijn eigen zenuwen.

Toen iedereen klaar was, gingen ze naar buiten en deden hun warming-up. Stijn zocht bewust niet naar zijn klasge-

noten in het elftal van de Stieren, maar concentreerde zich volledig op zichzelf. Hij zag hoe de reservespelers Murrad inschoten en de doelman leek zijn zenuwen langzaam maar zeker onder controle te krijgen.

Ongeveer vijf minuten voor het begin van de wedstrijd, gingen ze weer naar binnen. Ze deden hun inloopshirts uit en verwisselden die voor de zwarte shirts met gele strepen. En nu was het wachten op de scheidsrechter.

Het klopje op de deur van de kleedkamer was het sein om naar buiten te gaan. Stijn liep als in trance via de tunnel onder de tribune het veld op en ging naar de middenstip om te tossen. Nu kon hij niet meer om Jim heen, want hij was aanvoerder van SV EMS.

Ze gaven elkaar een hand, maar zeiden allebei geen woord.

'Moeten jullie je niet aan elkaar voorstellen?' vroeg de scheidsrechter.

'We zitten bij elkaar in de klas, dus we kennen elkaar goed,' verduidelijkte Stijn.

'O, vandaar,' lachte de man in het zwart.

Stijn verloor de toss, maar zij mochten wel aftrappen.

Achter het doel van SV EMS zag hij zijn ouders en oom Gert staan. En naast hen stond weer Bert Pringel. Dat gaf Stijn een goed gevoel. Hij zou zich nu moeten waarmaken. Weer een slechte wedstrijd en Bert zou de conclusie trekken dat Stijn helemaal niet zo'n goede voetballer was. Verder stonden bijna alle ouders van zijn teamgenoten langs de kant en was de tribune bijna helemaal vol.

Wat een mensen, dat had hij nog nooit meegemaakt.

Stijn keek nog eens naar de tribune en zag meester Job zitten. Zijn ogen spiedden verder. Daar, aan de rechterkant, zag hij Femke. Ze zat helemaal alleen.

Het fluitje van de scheidsrechter bracht hem weer terug naar de wedstrijd. Het gevecht om de cup was begonnen.

Beide elftallen begonnen nerveus aan de wedstrijd. Veel verkeerde passes en onnauwkeurig spel zorgden ervoor dat het spel van beide elftallen de eerste tien minuten niet goed was. Stijn merkte op dat Jim voortdurend probeerde om het spel naar zich toe te trekken en dat hij steeds de bal opeiste. Hij speelde centraal op het middenveld en was verreweg de beste en dus belangrijkste speler van de Stieren.

Na een kwartier kreeg SV EMS een hoekschop. De verdediger die Stijn moest dekken, ging mee naar voren en Stijn liep met hem mee. Jim stond vlakbij hen en hij hoorde dat zijn klasgenoot tegen Murrad praatte.

'Hé, stomme Turk, als je je doel uitkomt, schop ik je,' siste Jim zo zacht dat de scheidsrechter het nooit kon horen.

'Houd je mond, Jim,' bromde Stijn.

Jim reageerde niet, maar in plaats daarvan ging hij voor Murrad staan. De doelman kon nu niets meer zien, omdat Jim een stuk groter was dan hij. Jim bleef praten tegen Murrad, die dat merkbaar niet leuk vond.

De bal kwam voor het doel en daalde in het vijfmetergebied. Murrad probeerde uit zijn doel te komen om de bal uit de lucht te plukken, maar Jim zette een blok. Hierdoor kon Murrad niet bij de bal komen en was uit positie.

Doordat er erg veel spelers in het strafschopgebied stonden, kon de scheidsrechter niet goed zien wat er gebeurde. Hij floot niet voor de overtreding tegen Murrad.

Stijn zag dat Kees de bal probeerde weg te koppen. Maar die raakte de bal niet lekker, waardoor deze richting de penaltystip stuiterde. Hier stond Kevin te wachten. Hij nam de bal zonder na te denken op zijn slof. De bal verdween, buiten bereik van Murrad, snoeihard in de rechterhoek: 1-0 voor SV EMS.

Een gejuich steeg op van de tribune toen de bal het net raakte.

Stijn sprak zijn teamgenoten toe: 'Kom op, jongens. Hoofden omhoog, we hebben nog tijd zat om de boel weer recht te trekken.'

Tien minuten voor de rust werd een aanval van de Stieren eerst nog afgeslagen. Maar ongeveer 25 meter voor het doel pikte Jim de bal op. Hij deed net of hij op doel ging schieten, maar in plaats daarvan kapte hij de bal met zijn rechterbeen voor zijn linkerbeen. Opnieuw dreigde hij met een schot. Maar dit keer zocht hij met een slimme steekpass de spits van SV EMS. Die was bij Kees uit de dekking gekomen.

Meteen nadat hij gepasst had, sprintte Jim achter de bal aan. Dit was duidelijk een ingestudeerde actie. De spits nam de bal niet aan, maar kaatste deze in de richting van Jim. De Stier lag op volle snelheid en passeerde zo de verdediging van FC Rapitas.

Nu stond hij oog in oog met Murrad, die naar voren kwam om zijn doel te verkleinen. Weer deed Jim net of hij wilde schieten. Murrad trapte in de schijnbeweging en viel naar rechts. Jim passeerde hem aan de andere kant en tikte de bal eenvoudig in het lege doel.

Het gejuich van de tribune was nog heftiger dan bij het eerste doelpunt. Mede door de schitterend uitgevoerde actie van Jim. Hij passeerde Stijn bij het teruglopen naar zijn eigen helft.

'Heb je gezien hoe het moet, druiloor,' treiterde de aanvoerder van de Stieren zijn klasgenoot. 'Daar kun je nog wat van leren, hè.'

Stijn deed net of hij het niet hoorde, maar voelde zijn bloed koken van kwaadheid. Beheers je, zei hij tegen zichzelf. Boos worden en reageren is precies wat hij wil.

De laatste tien minuten van de eerste helft bleef SV EMS in de aanval, maar echt gevaarlijk werd het niet meer. FC Rapitas kwam nauwelijks over de middenlijn, laat staan dat ze gevaarlijk werden.

Stijn was blij dat de scheidsrechter hen met het rustsignaal naar de kleedkamer floot.

Daar was het doodstil. Zeker vijf minuten zat iedereen zwijgzaam voor zich uit te staren. Alle spelers zaten te wachten op de donderspeech van meneer Dekker. Maar in plaats daarvan begon hij op rustige toon te praten.

'De opdracht is eenvoudig. Als we kampioen willen worden, moeten we vandaag winnen. We staan met 2-0 achter, dus moeten we drie keer scoren. Heren, succes!

De scheidsrechter klopte weer op de deur en als reactie schreeuwden de jongens elkaar toe om elkaar op scherp te zetten. Stijn liep voorop in de richting van het veld. Aan het einde van de tribune, wat bij het begin van het veld was, zag hij Mikes ouders en Femke staan. Hij hield zijn pas wat in toen hij langs hen liep. Femke pakte zijn arm vast, zodat hij wel moest stoppen.

Toen pas zag hij de rolstoel staan waar Mike in zat.

'Hé, Mike,' zei Stijn blij verrast. 'Wat doe jij nou hier?'

Mike glimlachte. 'Ik bedacht me ineens dat jullie het waarschijnlijk zonder mij niet zouden redden.'

Stijn lachte hard en legde zijn hand op Mikes schouder. 'Echt geweldig dat je er bent.'

Hij keek naar Femke. Zij keek hem aan met een uitdrukking op haar gezicht die alle vlindertjes in zijn buik weer wakker maakte.

'Kom op, Stijn. Het kan nog makkelijk,' zei ze op een lieve manier. 'Je kunt ons geen groter plezier doen, dan vandaag te winnen.'

Stijn kon zijn lach niet inhouden. 'Ik doe mijn best,' glimlachte hij.

Bijna vrolijk liep hij het veld in. Hij besefte nog net op tijd dat ze met 2-0 achter stonden en dat het kampioenschap op dit moment erg ver weg was.

De tweede helft leek in de verste verte niet op de eerste. FC Rapitas was op zijn minst gelijkwaardig aan SV EMS. Murrad verrichtte goede reddingen op twee afstandschoten en FC Rapitas kwam wat vaker in de buurt van het doel van SV EMS, zonder nog echt gevaarlijk te zijn.

Na tien minuten had Murrad de bal en gooide hem naar Kees. Die dreef de bal op richting middenveld. Stijn had zich weer terug laten zakken op het middenveld en vroeg om de bal. Kees speelde hem aan. Jim was Stijn gevolgd, maar gaf hem ruimte om de bal aan te nemen. Hij wist maar al te goed dat Stijn erg kort naar links en rechts kon wegdraaien, waardoor je als tegenstander al snel kansloos was.

Stijn nam de bal aan en draaide zich meteen om. Hij stond nu tegenover Jim, die geconcentreerd naar de bal keek. Stijn legde de bal goed voor zijn rechterbeen en zag Laurens op de rechtervleugel vertrekken. Hij verstuurde een lange bal die net over de linksachter viel, precies in de loop van Laurens.

Stijn zette aan voor een lange sprint, terwijl Jim hem probeerde vast te pakken, maar die was al te laat. Stijn was veel sneller dan Jim en nam al snel afstand.

Laurens was met de bal op weg naar de achterlijn. Een van de centrale verdedigers was vanuit het centrum naar de zijkant gelopen om hem op te vangen. Hierdoor ontstond er ruimte in het strafschopgebied. Op het moment dat Laurens de achterlijn bereikte, was Stijn bij de rand van het strafschopgebied. Hij hoopte dat Laurens niet net nu, zoals wel vaker, een zwakke voorzet zou geven.

Laurens had al gekeken waar Stijn was en trok de bal terug naar de rand van 'de zestien'. Zijn bedoeling was om de bal laag te houden, zodat Stijn direct kon schieten, maar dat lukte niet. De bal kwam snoeihard door de lucht op Stijn af. Hij zag de bal komen, lag op volle snelheid en kon er met zijn hoofd zo tegenaan lopen. Met zijn volle gewicht kopte hij de bal op het doel van de tegenstander.

Als een kanonskogel verdween de bal in de rechterbovenhoek. De doelman van SV EMS had niet op een kopbal gerekend en had te laat gereageerd.

Stijn had de achterstand teruggebracht tot 2-1.

Hij liep door naar het doel en pakte snel de bal om zo tijd te winnen. Met bal liep hij terug naar zijn eigen helft en legde hem op de middenstip.

Meneer Dekker, Storm en alle reservespelers stonden gelijktijdig juichend en schreeuwend langs de lijn. Storm zwaaide met zijn kruk naar Stijn en riep: 'Mooi doelpunt, Stijn, nog twee.'

FC Rapitas kreeg vleugels van dit laatste doelpunt en ging steeds beter spelen. Toch waren de tegenaanvallen van SV EMS gevaarlijk. Jim speelde een goede wedstrijd, maar Stijn zag dat de krachten bij de Stier langzaam minder werden. Hij liep snel even langs Rob, de directe tegenstander van Jim, en vertelde hem dat hij meer de aanval moest zoeken. Hierdoor moest Jim steeds met hem mee en zou hij nauwelijks aan aanvallen toekomen.

Rob stemde in en voerde de opdracht uit.

Ongeveer een kwartier na de 2-1 kreeg FC Rapitas een hoekschop. Stijn stond aan de rand van het strafschopgebied opgesteld om in te lopen. Dit deed hij vaak en hij had zo al regelmatig vanuit een hoekschop koppend gescoord. Nu bleef hij echter staan. Hij wist niet waarom, maar hij deed het gewoon. Het was een soort voorgevoel dat het op dit moment het beste was.

Laurens draaide de bal richting de penaltystip. Daar stond Kees, die hoog boven iedereen uitsprong en de bal naar de hoek kopte. Kevin stond op de doellijn en kon de bal uit het doel koppen. Deze kwam met een boog precies op de plek waar Stijn stond te wachten. Hij nam hem ineens uit de lucht op zijn linkerschoen. De bal bleef laag en als een wonder ging hij tussen alle benen door. Hierdoor had de doelman geen zicht op de bal en was te laat. De 2-0 achterstand was helemaal weggewerkt. Het was nu 2-2.

Stijn liep terug naar zijn eigen helft. Zijn teamgenoten sloegen hem op zijn schouders. Zelfs Murrad was zijn doel uitgekomen om hem te feliciteren met zijn doelpunt. Hij keek naar de dug-out. Alle spelers stonden langs de lijn te springen en Stijn zag dat zelfs Mike en Femke klapten en juichten. Het gaf Stijn een enorme kick, maar hij wist ook dat ze nog één keer moesten scoren.

SV EMS drong niet meer aan en beperkte zich tot verdedigen. FC Rapitas kreeg nog wel wat kleine kansjes, maar ook bij hen begonnen de krachten nu af te nemen. Het was te hopen dat de bal nog een keer goed viel, waardoor ze nog een keer konden scoren.

Korte tijd later keek Stijn naar de kant en vroeg aan meneer Dekker hoe lang het nog was. De trainer stak twee vingers omhoog, om te laten zien dat er nog twee minuten te spelen waren.

Stijn beet zijn kiezen op elkaar. Het moest nu gebeuren. Het hele seizoen goed spelen en aan het einde met lege handen staan, daar had hij geen zin in.

De bal was in het bezit van de rechtsachter van SV EMS. Die probeerde de bal naar Jim te spelen, maar de snelheid van de bal was te laag. Rob kon de bal op de helft van de Stieren onderscheppen. Jim zat er nu helemaal doorheen. De tactiek om Rob meer naar voren te laten spelen, werkte goed. Jim kon de centrale middenvelder van FC Rapitas niet meer bijhouden.

Stijn reageerde op de actie van Rob. Hij maakte een beweging alsof hij naar de eerste paal toe bewoog, maar in plaats daarvan deed hij een paar passen achteruit en kwam vrij bij de tweede paal. Rob had de beweging van Stijn gezien en probeerde de bal bij de tweede paal te krijgen. De pass was echter te kort en de bal belandde midden voor de goal.

De centrale verdediger van SV EMS probeerde de bal weg te koppen. Maar de bal was net even te hoog voor hem, waardoor hij de bal met zijn kruin raakte en die toch nog bij Stijn terechtkwam. Stijn controleerde de bal met de borst en liet hem naar de grond vallen. Op het moment dat de bal de grond raakte, knalde hij hem met zijn rechtervoet op het doel af.

De doelman was verrast door de mislukte kopbal van zijn verdediger en was net te laat bij de tweede paal om het schot van Stijn te stoppen. De bal schampte de binnenkant van de paal en verdween in het doel. Stijn zag de bal al in het doel verdwijnen en een ongelooflijk blij gevoel maakte zich van hem meester.

Ongeveer anderhalve seconde later hadden ook zijn

teamgenoten en het publiek door dat hij gescoord had. Stijn rende om zijn ontlading kwijt te kunnen, maar hij kwam niet ver. De andere spelers van FC Rapitas vingen hem op en sprongen boven op hem. Zelfs Storm was op krukken uit de dug-out komen strompelen om hem te feliciteren met zijn derde doelpunt.

Toen iedereen weer wat bedaard was, werden ze door de scheidsrechter naar hun eigen helft teruggestuurd. 'De wedstrijd is nog niet afgelopen,' sprak hij streng. 'We hebben nog zeker twee minuten te spelen.'

Stijn maande zijn medespelers tot rust en kalmte. De Stieren spraken hun laatste krachten aan en begonnen aan een slotoffensief. Stijn probeerde hen zo ver mogelijk van hun doel af te houden. Dit leek te lukken. Hij had de bal net over middenlijn en zag de doelman van SV EMS iets te ver voor zijn doel staan. Hij probeerde de bal over hem heen te schieten, maar het schot was te zacht en verdween in de handen van de doelman. Deze had haast en schoot de bal zo ver mogelijk naar voren, in de richting van zijn aanvallers.

De bal kwam bij Kees, die twijfelde. Zou hij de bal wegkoppen of wegschieten? Deze aarzeling werd hem fataal. Hij raakte de bal verkeerd, zodat die in de voeten van Jim terechtkwam, die nu een vrije doortocht had naar het doel van Murrad.

Bij Stijn en alle aanhangers van FC Rapitas sloeg de schrik om het hart. Jim snelde naar het doel. Er gingen duizend gedachten door Stijns hoofd, maar geen ervan had een goede afloop. Zou Jim deze kans laten liggen of zou juist zijn grootste vijand hen de genadeklap geven?

Hij dacht al aan de pesterijen van Jim, die ongetwijfeld zouden komen als hij deze kans benutte. Murrad bleef bewegingloos op zijn doellijn staan. Waarom komt hij er nu niet uit? dacht Stijn. Maar door deze vreemde actie raakte ook Jim in verwarring. Hij stond nu ter hoogte van de penaltystip en wachtte tot de doelman eindelijk eens uit zijn doel zou komen.

Murrad had op deze onderbreking van de Stier gewacht en snelde nu zijn doel uit. Jim schrok van de abrupte beweging en had de bal niet helemaal goed liggen. Hij moest een zijstapje maken om te kunnen schieten. Dit gaf Murrad net genoeg tijd om op de bal te duiken. Jim merkte dat hij te laat was en probeerde uit wanhoop de bal toch nog op doel te schieten. Hij raakte met zijn schoen Murrad vol tegen de zijkant van zijn hoofd.

Er ging een siddering door het publiek. Murrad bleef levenloos bovenop de bal liggen. De scheidsrechter floot voor een overtreding.

Meneer Dekker was er als de kippen bij om te kijken hoe zijn doelman eraan toe was. Hij kneep een paar volle sponzen met water over zijn hoofd uit, waardoor Murrad langzaam bij kennis kwam.

'Dat wordt wisselen' zei meneer Dekker tegen de scheidsrechter.

‘Echt niet,’ antwoordde de doelman. ‘Ik blijf staan.’

Meneer Dekker keek Murrad aan en vroeg of hij wist hoeveel het stond.

‘Echt wel, 3-2 voor ons,’ grijnsde hij.

Meneer Dekker moest lachen en besloot hem te laten staan. ‘Maar als het niet gaat,’ verzekerde hij hem ‘dan haal ik je eruit.’

Stijn stond naast Jim en zag dat zijn klasgenoot helemaal wit zag van de schrik. Er zit gelukkig toch nog een beetje gevoel in die jongen, dacht hij.

Toen Jim zag dat het allemaal wel meeviel, kwam de kleur in zijn gezicht langzaam terug. De wedstrijd werd vervolgd met een vrije trap die Murrad zelf nam. De bal ging de lucht in richting de aanvallers van FC Rapitas. Maar voordat de bal de grond raakte, floot de scheidsrechter voor het einde.

Stijn was nog nooit zo blij geweest met het eindsignaal. Van blijdschap, maar ook van vermoeidheid, liet hij zich op de grond vallen. Het gejuich van het publiek liet hij als een warme wind over zich heen komen. Hij deed zijn ogen dicht, maar kreeg de kans niet om van het moment te genieten. Eerst was het Rob die bovenop hem dook en daarna het hele team.

Toen ze allemaal opgestaan waren, kwam meneer Dekker naar hem toe en omarmde hem alsof hij de liefste op de hele wereld was. Stijn dacht even dat hij hem nooit meer los zou laten. Maar gelukkig gebeurde dat toch.

Stijn zag dat Storm naar hem toe kwam wankelen op zijn krukken en liep naar zijn vriend toe. Ze vielen elkaar in de armen en hielden elkaar stevig vast. Storms krukken vielen op de grond. Omarmd liepen ze naar de dug-out waar de andere spelers al aangekomen waren.

Het was tijd voor de uitreiking van de cup. Niemand minder dan Bert Pringel stapte met de cup naar voren en nam het woord.

'Dames en heren,' begon hij officieel, 'ik ben vandaag getuige geweest van een van de mooiste jeugdwedstrijden die ik ooit heb gezien. Goed voetbal, strijd en emotie hebben ervoor gezorgd dat deze tweeëntwintig spelers het hadden verdiend om in een vol stadion met tweeëntwintigduizend toeschouwers te spelen. Helaas is er altijd maar één winnaar en deze keer is dat FC Rapitas.'

Een luid gejuich van de supporters van FC Rapitas, en het geklap uit respect van de aanhangers van SV EMS, steeg op. Bert Pringel vervolgde zijn verhaal.

'Dan wil ik nu de aanvoerder van FC Rapitas, Stijn Wouters, naar voren roepen.'

Stijn keek om zich heen en zocht naar zijn beste vriend. 'Kom op, Storm,' riep hij toen hij hem gevonden had, 'dit doen we samen.'

Ze liepen naar Bert toe. Die keek lichtelijk verrast toen hij twee spelers zag staan. Stijn vertelde hem dat Storm het hele seizoen aanvoerder was geweest en uitgerekend net voor deze wedstrijd geblesseerd was geraakt. En dat hij daarom vond dat Storm ook de cup in ontvangst moest nemen.

Bert knikte begrijpend. Hij reikte de cup aan beide jongens uit. Ze hielden hem samen omhoog en nodigden met een handgebaar hun teamgenoten uit om erbij te komen staan.

Juichend gingen ze op de foto.

Na de prijsuitreiking gingen ze, uiteraard met de felbegeerde cup, naar de kleedkamer waar het wel een kippenhok leek. Alle belangrijke wedstrijdsituaties werden nog eens besproken. Murrad werd bedolven onder de complimenten en de Turkse jongen glunderde onder de loftuitingen.

Meneer Dekker zorgde ervoor dat de jongens weer stil werden.

'Ik wil dit feest niet onderbreken. Ik wil jullie alleen bedanken voor een fantastisch seizoen. Maar het seizoen is nog niet helemaal ten einde. Omdat we regiokampioen zijn geworden, mogen we nu strijden om het algemeen landelijk kampioenschap. Binnenkort spelen we in een toernooi met alle regiokampioenen van het zuiden van het land om een plaats in de finale. Als we dat halen, spelen we een week later tegen de kampioen van het noordelijke deel van het land.'

Hier hadden de jongens helemaal niet meer aan gedacht. Dus gingen ze vrolijk verder met feesten. Meneer Dekker wilde nog iets zeggen, maar besloot dat het beter was om dit niet te doen. Zijn spelers waren zo uitgelaten, die kreeg niemand meer stil.

Dit was echter niet helemaal waar, want korte tijd later ging de deur van de kleedkamer open en ineens was het stil in de kleedkamer. Bert Pringel kwam binnen, met vlak achter hem meneer Frits.

Stijn was verbaasd, want hij had meneer Frits tijdens de wedstrijd helemaal niet gezien. Hij zal wel op de tribune hebben gezeten, dacht hij.

Meneer Frits stelde zich voor als de eigenaar van het bedrijf dat hen sponsorde en dat ook de hoofdsponsor was van Kick '69.

Aha, dacht Stijn, meneer Frits is dus de baas van oom Gert.

Meneer Frits vertelde dat hij het een geweldige wedstrijd had gevonden. En dat hij trots was dat het elftal dat hij sponsorde uiteindelijk aan het langste eind had getrokken. Hij vond ook dat een dergelijke prestatie beloond moest worden met een premie. Maar dat Bert Pringel daar meer over zou vertellen.

Bert keek de jongens aan en zei: 'Zoals jullie weten, speelt Kick '69 over anderhalve week de halve finale tegen Petchwood United in Londen. Omdat jullie vandaag kampioen zijn geworden, en omdat we allemaal dezelfde sponsor hebben, nodigen wij jullie uit om met ons mee te reizen naar Londen en de wedstrijd in het stadion van Petchwood United te bekijken.'

De spelers van FC Rapitas waren heel even stil. Dat duurde maar twee seconden, want daarna barstte er een oorverdovend gejuich los. De jongens sloegen elkaar op de schouders van blijdschap, sprongen door de kleedkamer en schreeuwden het uit.

Alleen Murrad zat een beetje zielig in een hoekje. Meneer Frits zag het en vroeg wat er aan de hand was.

Murrad keek naar hem op en zei: 'Ach, ik heb maar één keer meegedaan, dus ...'

'Dus ... wat?' vroeg meneer Frits.

'Dus ... ga ik niet mee naar Engeland!' verduidelijkte de doelman met een zuur lachje op zijn gezicht.

Meneer Frits lachte luid en legde zijn hand op het hoofd van Murrad. 'Jongen,' zei hij, 'als jij niet met gevaar voor eigen leven die laatste bal had tegen gehouden, had niet één van deze jongens naar Engeland gegaan. Dus jij gaat gewoon mee!'

Murrad stond op en keek meneer Frits ongeloofwaardig aan. 'Echt?'vroeg hij.

'Tuurlijk,' antwoordde meneer Frits.

Toen hij dat hoorde, mengde hij zich in het feestgedruis en zong: 'We gaan naar Engeland, we gaan naar Engeland,'

Al snel zongen alle jongens met hem mee.

Het duurde erg lang voordat de jongens gedoucht en aangekleed waren. Het kampioenschap en de beloning werden uitgebreid gevierd. Maar langzaam druppelde de kleedkamer leeg en gingen de jongens een voor een naar de kantine.

Stijn was als enige nog over. Dat was niets nieuws, hij was altijd de laatste. Dat betekende ook dat hij iedere keer de kleedkamer moest vegen. Maar dat vond hij niet zo'n probleem.

Na het bezemen ging hij nog even op de bank zitten en genoot na van het succes. Hij verborg zijn gezicht in zijn handen en zuchtte eens diep. Wat een week en wat een geweldige afsluiting. Dit had hij in zijn stoutste dromen niet kunnen bedenken.

Hij wilde net opstaan om naar de kantine te gaan, toen de deur van de kleedkamer voorzichtig werd geopend. Lange blonde haren staken door de geopende deur. Daarna volgde het gezicht van Femke.

'Hé,' begroette Stijn haar, 'wat kom jij hier doen?'

Femke kwam de kleedkamer binnen en deed de deur weer achter zich dicht.

'Jou zoeken,' antwoordde ze, terwijl ze naast Stijn kwam zitten. 'Iedereen is al in de kantine en ik had jou nog niet gezien, dus ben ik je gaan zoeken.'

Stijn keek verrast.

'Ik wist niet dat jij zo goed kon voetballen,' complimenteerde ze hem met zijn goede wedstrijd.

'Ach,' zei Stijn, alsof hij zich verontschuldigde, 'het zat allemaal ook wel mee.'

Ze keken elkaar aan en Stijn voelde dat die rottige vlinders weer begonnen te vliegen.

Femke schudde haar hoofd 'Je was gewoon erg goed.'

'Moet je nog niet naar huis dan?' veranderde Stijn uit bescheidenheid van onderwerp.

'Ik mocht nog even blijven van mijn ouders. Zij en Mike zijn al wel naar huis. Ik rijd met jouw ouders mee terug.'

Stijn knikte. Hij vond het leuk dat zijn buurmeisje zo even bij hem kwam zitten.

'Enne,' ging Femke verder met tranen in haar ogen 'ik wil je namens Mike bedanken voor het behalen van het kampioenschap. Hij was zo blij dat hij het allemaal heeft mee mogen maken.'

Stijn keek haar aan. 'Nou,' sprak hij opgewekt, 'dat is heel graag gedaan.'

Femke lachte voorzichtig. 'Weet je,' zei ze zachtjes, 'dat ik je niet alleen een goede voetballer vind?

Stijn vroeg zich af wat ze bedoelde. Hij had wel een idee, maar daar durfde hij niet aan te denken. Hij wist even niet zo goed wat hij moest zeggen en dus zei hij maar niets.

Femke merkte het en praatte door. 'Ik vind je al een hele tijd erg leuk. Als je bij me in de buurt bent, krijg ik altijd vlindertjes in mijn buik.'

Stijn keek haar aan. 'Ik ook,' stamelde hij.

Femke moest lachen. Ze pakte met twee handen zijn hoofd vast en gaf hem een kus.

Stijn wist even niet waar hij was. In zijn hoofd duizelde het.

Femke liet hem weer los.

Stijn keek haar aan, lachte terug en stond op. 'Kom, we gaan naar de kantine.'

Toen ze de kantine binnenkwamen, juichte de menigte hen toe. Stijns teamgenoten sloegen hem nogmaals op de schouder en meneer Dekker gaf hem nog maar eens een hand. Meester Job kwam naar Stijn toe, samen met zijn ouders. Hij gaf Stijn een hand en feliciteerde hem.

'Geen last meer van je enkel, Stijn?'

Stijn keek geschrokken naar zijn ouders, maar gelukkig lachte zijn vader om de opmerking van de meester.

Ook meester Job moest lachen. 'Ik heb het er al met je vader over gehad.'

Hierna werd hij gefeliciteerd door zijn ouders. Zijn vader, die altijd erg kritisch was, pakte hem bij zijn schouders vast en zei: 'Erg goede wedstrijd, Stijn, en erg mooie doelpunten.'

Stijn glom van trots. Een compliment van zijn vader was het mooiste dat hij had kunnen krijgen. Zijn moeder gaf hem twee zoenen en dat vond Stijn weer iets teveel van het goede. Hij kreeg een colaatje in zijn handen gedrukt en ging op in de menigte.

Iedereen wilde wel even een praatje met hem maken. Jim en Kevin waren nergens te bekennen en Storm legde uit dat ze meteen na de wedstrijd naar huis waren gegaan. Stijn vond dat niet zo gek. Hij zou ook erg teleurgesteld zijn geweest als ze niet zouden hebben gewonnen.

Even later werd Stijn van achteren bij zijn schouder gepakt. Hij draaide zich om en zag dat het Bert Pringel was. De spits van Kick '69 keek hem lachend aan.

'Ik heb vandaag een heel andere Stijn gezien dan tijdens de vorige wedstrijd,' riep hij in Stijns oor vanwege alle herrie in de kantine.

Stijn kon alleen maar bescheiden glimlachen.

'Als je het goedvindt,' schreeuwde Bert verder, 'laat ik ons hoofd jeugdopleidingen contact met je opnemen voor een proefwedstrijd bij Kick '69.'

Stijns ogen werden zo groot als schoteltjes en even dacht hij dat hij het niet goed had gehoord.

Maar Bert ging vrolijk verder: 'Ik heb het er al even met je vader over gehad en die vindt het goed.'

Stijn stond helemaal perplex en kon even niets uitbrengen.

‘Je wordt deze week wel gebeld, goed?’ beëindigde Bert het gesprek.

Stijn kon alleen maar knikken dat hij het goed vond.

Bert klopte hem nog eens op de schouder en terwijl hij glimlachend wegliep, zei hij: ‘Geniet hier nog maar even van.’

Femke, die vlakbij Stijn stond, maar niet had gehoord wat er was gezegd, kwam naar hem toe.

‘Wat zei hij?’ vroeg ze nieuwsgierig.

Stijn vertelde wat Bert had gezegd.

Femke gaf een klein gilletje en uit enthousiasme knuffelde ze hem, terwijl iedereen erbij stond. ‘Wat geweldig voor je,’ sprak ze zachtjes in zijn oor.

En terwijl hij even niet wist waar hij zijn handen moest laten, bedacht Stijn dat hij op dit moment alles geweldig vond.

Een nieuw avontuur ...

In het tweede deel van *De Voetbalgoden* reizen Stijn en Storm en hun teamgenoten naar Engeland. Daar speelt Kick '69 de belangrijke uitwedstrijd tegen Petchwood United. Het is de bedoeling dat het een ontspannen reisje wordt met veel voetbalplezier. Maar zo ontspannen zal het niet worden.

Stijn en Storm belanden samen met Bert Pringel in een spannend avontuur. Ze komen in heel gevaarlijke situaties terecht en moeten moeilijke beslissingen nemen. Hierdoor hebben ze meer invloed op de uitslag van de halve finale van de Champions League dan ze wilden en hoopten. Ook moeten ze hun eigen voetbaltalenten aanspreken om Kick '69 een kans te laten maken op de finale.

Of dat gaat lukken, lezen jullie in het volgende deel van *De Voetbalgoden.*